Johannes Greving

Besser in

Deutsch

7. Klasse

Gymnasium

Cornelsen
SCRIPTOR

Über den Autor:
Johannes Greving ist Gymnasiallehrer für Deutsch und Politik, an der Universität Oldenburg tätig und Autor zahlreicher Fachbücher.

Hinweis: Die mit * gekennzeichneten Texte folgen den Rechtschreibregeln vor der Rechtschreibreform.

Bibliografische Information der Deutschen Nationalbibliothek
Die Deutsche Nationalbibliothek verzeichnet diese Publikation in der Deutschen Nationalbibliografie; detaillierte bibliografische Daten sind im Internet über http://dnb.d-nb.de abrufbar.

2. Auflage

D C B A
Bibliographisches Institut GmbH
Dudenstraße 6, 68167 Mannheim

Redaktionelle Leitung: Constanze Schöder
Redaktion: Claudia Fahlbusch
Illustrationen: Barbara Gerth
Herstellung: Annette Scheerer
Layoutkonzept: Horst Bachmann, Weinheim
Umschlaggestaltung: glas AG, Seeheim-Jugenheim
Satz/Layout: Ines Schiffel, Berlin
Druck und Bindung: orthdruk, Białystok
Printed in Poland

ISBN 978-3-411-87020-2

Inhaltsverzeichnis

Liebe Schülerin, lieber Schüler,

dieser Band der Reihe „Besser in Deutsch" hilft dir, deine Kenntnisse im Fach Deutsch zu verbessern. Du kannst gezielt Stoff nachholen und wiederholen, um sicherer zu werden! Zu allen Bereichen des Deutschunterrichts sind kleine Aufgaben angeboten, mit denen du selbstständig arbeiten kannst.
Die Schwerpunkte sind:

- **Texte schreiben**
  Aufsätze verfassen
- **Texte lesen und verstehen**
  Textverstehen, Textanalyse
- **Sprache kennenlernen**
  Grammatik
- **Richtig schreiben**
  Zeichensetzung und Rechtschreibung

Die Texte und die Aufgaben in diesem Buch sind so ausgewählt und zusammengestellt, dass dir die Bearbeitung möglichst leichtfällt.

TIPPS UND INFOS – **Zum Arbeiten mit diesem Buch**

- Das Buch enthält viele Erklärungen und Übungen. Arbeite sie durch und vergleiche deine Antworten mit den Lösungen im Lösungsheft. Verbessere Fehler.
- Bei einigen Übungen kannst du Stichworte oder Kreuzchen im Buch selbst machen. Nimm dazu am besten einen Bleistift, dann kannst du Fehler leichter ausbessern.
- Für andere Übungen (z. B. kleine Texte) brauchst du mehr Platz. Lege dir ein **eigenes Arbeitsheft** zu, in das du schreibst.
- Am Ende eines jeden Kapitels kannst du in einem kleinen Test überprüfen, ob du den Stoff nun beherrschst.

Viel Spaß und Erfolg beim Lernen!

1 Texte schreiben

Das musst du am Ende der Klasse 7 können:

- Den Inhalt längerer Texte ohne und mit Stellungnahme zusammenfassen
- Berichten
- Beschreiben (Vorgänge, Personen, Bilder/Gegenstände)
- In einem Brief Stellung nehmen, argumentieren
- Appellative Texte von anderen Textformen unterscheiden, verstehen und schreiben
- Texte umformen

Das Schreiben gehört zu den wichtigsten Fähigkeiten innerhalb des Deutschunterrichts und einiges beherrschst du bestimmt schon ganz gut, z. B.:

- den Inhalt kürzerer Texte zusammenzufassen,
- über Ereignisse sachlich zu berichten,
- einen Gegenstand zu beschreiben,
- Briefe zu schreiben und dabei auf die Anredepronomen zu achten,
- abwechslungsreich zu formulieren.

Dieser Teil des Buches gibt dir einen Überblick über die unterschiedlichen Aufgabenstellungen in Bezug auf das Schreiben von Texten, wie sie dir in der Klasse 7 im Deutschunterricht, bei den Hausaufgaben und in Klassenarbeiten begegnen werden.
Bei der Inhaltsangabe, dem Bericht und der Beschreibung lernst du, auf einen sachlichen Stil zu achten, das Wesentliche vom Unwesentlichen zu unterscheiden sowie das Präsens korrekt zu benutzen.
Im Abschnitt über das Argumentieren trainierst du, eine eigene Meinung in einem Brief zu formulieren und durch Argumente zu untermauern.
Das Umformen von Texten ist eine wichtige Übung, um kreativ mit Erzählungen und Schilderungen umzugehen und sie gezielt und abwechslungsreich zu verändern.

Ein Tipp: Du kannst dir eine persönliche Liste zu deinen noch vorhandenen Schwachpunkten zusammenstellen und gezielt üben, um selbst geschriebene Texte zu verbessern.
Auf diese Weise werden sich deine Noten sicher bald verbessern.

1.1 Inhaltsangabe

DAS MUSST DU WISSEN

Zweck der **Inhaltsangabe** ist es, jemanden mit eigenen Worten knapp und sachlich über den Inhalt eines Textes zu informieren. Eine eigene Wertung oder Stellungnahme hat in der Inhaltsangabe nichts zu suchen.

- Im **Einleitungssatz** schreibst du kurz das Wichtigste zum Autor, zum Titel und zum Thema.
- Bei der Schilderung des Handlungsverlaufs darfst du zum ursprünglichen Text nichts „hinzuerfinden". Die Reihenfolge der Erzählschritte muss erhalten bleiben. **Nebensächlichkeiten** musst du stark **kürzen** oder **weglassen.** Aber: Alle für das Verständnis des Textes wichtigen Dinge sollen dargestellt werden, dies gilt insbesondere für den oder die Höhepunkte.
- Verwende **keine wörtliche Rede** in der Inhaltsangabe.
- **Erzählzeit** ist für die Gegenwart das Präsens, bei Vorzeitigkeit das Perfekt.

1 Lies die folgende Inhaltsangabe und bearbeite sie anschließend.

Unterstreiche mit unterschiedlichen Farben:

- Formulierungen, die versuchen, Spannung zu erzeugen,
- wörtliche Rede,
- Sätze, die unwichtig sind oder knapper formuliert werden können,
- Sätze oder einzelne Wörter (häufig Adjektive), die eine eigene Wertung des Märchens enthalten.

An einer Stelle fehlt ein Teil der Handlung. Mache deutlich, an welcher.

Inhaltsangabe „Der Wolf und die sieben Geißlein"

Das spannende Märchen handelt von einer Ziege, die mit ihren sieben Kindern im Wald wohnt.

So eine schlaue Ziege! Die Mutter muss die Kinder allein lassen und warnt sie: „Kinder, hütet euch vor dem bösen Wolf." Nach einiger Zeit kommt der Wolf und will ins Haus gelassen werden. Die Kinder erkennen ihn aber an seiner rauen Stimme. Der Wolf isst Kreide, um seine Stimme hell zu machen. Aber auch beim zweiten Versuch erkennen ihn die Kinder und lachen: „Schaut mal, die schwarzen Pfoten!" Er frisst alle bis auf das kleinste Kind, das sich im Uhrenkasten versteckt, und legt sich draußen auf einer Wiese schlafen. Das finde ich ungerecht und brutal. Plötzlich kehrt die Mutter heim. Aufgeregt ruft das Jüngste: „Mama, der Wolf hat meine Geschwister gefressen!" Die Mutter und das Jüngste suchen und suchen den lieben langen Tag. Endlich finden sie den Wolf schlafend auf der Wiese. Sie schneiden ihm den Bauch auf, und heraus hüpfen die anderen sechs Kinder, die der Wolf so gierig heruntergeschlungen hat, dass keines verletzt wurde.

Die Kinder überlegen lange, endlich ruft das Jüngste: „Ich habe es! Wir füllen den Bauch des Wolfes mit Steinen und nähen ihn wieder zu." Das geschieht ihm recht, warum ist er auch so gierig. Als der Wolf nach dem Aufwachen seinen Durst stillen will, denkt er bei sich: „Nanu, ich fühle mich ja so schwer und müde, ich gehe am besten zum Brunnen, um etwas zu trinken." Urplötzlich fällt er wegen der schweren Steine in den Brunnen und ertrinkt. So erhält er seine gerechte Strafe.

2 **Überarbeite die Inhaltsangabe und schreibe sie verbessert in dein Heft.**

3 **Lies den folgenden Zeitungsbericht.**

Kläre zunächst unbekannte Begriffe mithilfe des Lexikons.

4 **Bearbeite den Zeitungsbericht.**

1. Unterstreiche im Text die Informationen, die für eine Inhaltsangabe wichtig sind.
2. Notiere dir Stichpunkte am Rand.

Die letzten Zeilen im treibenden Postsack

BREMEN. Der Schnelldampfer „Elbe" hatte Bremerhaven mit rund 200 Auswanderern an Bord bei klarem Winterwetter verlassen. Das Ziel: New York.
Nach einer ruhigen ersten Nacht setzte in den Morgenstunden des 30. Januar 1895 im Ärmelkanal plötzlich ein heftiger Sturm ein. Wie aus dem Nichts tauchte aus Gischt und Nebel der englische Kohledampfer „Crathie" bedrohlich nahe auf. Minuten später rammte er seinen stählernen Bug in die „Elbe".
Gurgelnd strömten Wassermassen in die Innenräume, panisch und halb bekleidet stürzten die Passagiere auf das sich neigende Deck, verzweifelt versuchte die Besatzung, die vereisten Rettungsboote freizubekommen. Der leckgeschlagene Dampfer, Stolz des Norddeutschen Lloyd, war verloren: Immer weiter neigte er sich zur Seite und sank – ganze 20 Minuten nach der Kollision. 332 Menschen ertranken in den eisigen Fluten, ganze 20 überlebten. 17 Jahre vor der „Titanic" sorgte der Untergang der „Elbe" für eine der schlimmsten Schiffskatastrophen der Neuzeit.
Die „Elbe" wurde fast 100 Jahre später wiederentdeckt. 1993 wurde das Wrack von niederländischen Tauchern am Meeresgrund ausgemacht.

Von ihren Unterwassertouren brachten sie Erstaunliches zutage: Unmengen an Tafelgeschirr und Besteck mit dem Wappen des Norddeutschen Lloyd, Nippes-Figuren, einen Seidenballen und eine Deckslampe, gezeichnet vom Salzwasser, aber intakt.
In Bremen-Horn sitzt die Enkelin jenes Kapitäns Kurt von Goessel, der in der Unglücksnacht von 1895 heldenhaft versuchte, wenigstens Frauen und Kinder zu retten und mit seinem Schiff unterging. „Eine ganz tragische Geschichte", sagt Käthe Johst.
Die heute 86-Jährige wurde 1921 geboren, lange nach dem Untergang der „Elbe", ihren Großvater hatte sie nie kennengelernt. Gleichwohl hütet sie in dicken Ordnern unzählige Dokumente, wahre Schätze, die zusammen mit den Familienerinnerungen die Geschichte der „Elbe" und ihres Kapitäns erzählen. Zeugnisse, Urkunden und Briefe, die der damals 43-jährige und damit jüngste Schnelldampfer-Kapitän des Norddeutschen Lloyd an seine Familie schrieb. „Seine letzten Zeilen fand man in dem einzigen Postsack, der an der Unglücksstelle aus dem Wasser gefischt werden konnte", berichtet Käthe Johst.

(Krischan Förster, Weser-Kurier/Bremer Nachrichten vom 3.10.2007)

5 Schreibe eine Inhaltsangabe zu dem Zeitungsbericht.

Orientiere dich an deinen Stichpunkten und Unterstreichungen.
Achte auf kurze, knappe Formulierungen, den Einleitungssatz, den Handlungsverlauf und die richtige Erzählzeit (in der Gegenwart das Präsens, in der Vorzeitigkeit das Perfekt).

DAS MUSST DU WISSEN — **Inhaltsangabe mit Stellungnahme**

Die Inhaltsangabe mit Stellungnahme oder auch erweiterte Inhaltsangabe geht über die reine Zusammenfassung eines Textes hinaus. Sie schließt mit einer begründeten Stellungnahme ab, die die eigene Meinung zum Text eindeutig hervorhebt.
Im Regelfall wird deine Lehrerin oder dein Lehrer, wenn sie oder er eine „Inhaltsangabe mit Stellungnahme" fordert, dieses auch präzise mitteilen. Du solltest genau darauf achten, was in der Aufgabe gefordert wird.

BEISPIEL **Mögliche Aufgabenstellungen**

Hier bekommst du einige Beispiele für mögliche Aufgabenstellungen und die jeweils richtige Strategie zu ihrer Bearbeitung:

A) „Mache in der Inhaltsangabe deutlich, ob du den Text spannend bzw. unterhaltsam findest."

Verlangt ist eine sehr knappe Begründung deinerseits. Du kannst dich von folgenden Fragen leiten lassen:

- Was ist überraschend an der Handlung (dem Schluss)?
- Kann man sich die Figuren gut vorstellen?
- Fesselt dich die Art des Erzählens? Warum?
- Sind die geschilderten Ereignisse für dich von Bedeutung?

B) „Mache in der Inhaltsangabe deutlich, wie du das Verhalten der Hauptperson beurteilst."

Verlangt ist ein moralisches Urteil von dir. Leitfragen können sein:

- Könnte/würde ich mich in der Situation gleich oder ähnlich verhalten?
- Schadet das Verhalten der Hauptfiguren anderen?
- Belügen oder betrügen die Hauptfiguren andere? Sind das vielleicht gerechtfertigte Notlügen?

C) „Beurteile in der Inhaltsangabe, wie realistisch oder wirklichkeitsnah der Text ist."

Gefragt ist eine Einschätzung deinerseits, ob die Geschichte „im wirklichen Leben" tatsächlich so passieren könnte. Leitfragen können sein:

- Sind die äußeren Umstände, die Handlung und das Verhalten der Figuren wahrscheinlich?
- Falls es einen Konflikt und seine Lösung gibt: Wie einleuchtend ist der sich andeutende Konflikt? Gibt es so etwas in Wirklichkeit?

6 **Lies die Fabel auf Seite 11. Unterstreiche mit unterschiedlichen Farben Textpassagen, die zu A, B oder C passen.**

Notiere am Rand A, B, oder C, je nachdem, wozu der Textausschnitt passt:
A: Die Fabel ist (nicht) spannend oder unterhaltsam.
B: Verhalten der Hauptfigur (Gott Zeus)
C: Die Aussage der Fabel ist (nicht) wirklichkeitsnah.

Zeus und das Pferd

„Vater der Tiere und Menschen", so sprach das Pferd und nahte sich dem Throne des Zeus, „man will, ich sei eines der schönsten Geschöpfe, womit du die Welt geziert, und meine Eigenliebe heißt es mich glauben. Aber sollte gleichwohl nicht noch Verschiedenes an mir zu bessern sein?" „Und was meinst du denn, das an dir zu bessern sei? Rede, ich nehme Lehre an", sprach der gute Gott und lächelte.

„Vielleicht", sprach das Pferd weiter, „würde ich flüchtiger sein, wenn meine Beine höher und schmächtiger wären; ein langer Schwanenhals würde mich nicht verstellen; eine breitere Brust würde meine Stärke vermehren; und da du mich doch einmal bestimmt hast, deinen Liebling, den Menschen, zu tragen, so könnte mir ja wohl der Sattel anerschaffen sein, den mir der wohltätige Reiter auflegt."

„Gut", versetzte Zeus, „gedulde dich einen Augenblick!" Zeus, mit ernstem Gesichte, sprach das Wort der Schöpfung. Da quoll Leben in den Staub, da verband sich organisierter Stoff; und plötzlich stand vor dem Throne – das hässliche Kamel.

Das Pferd sah, schauderte und zitterte vor entsetztem Abscheu.

„Hier sind höhere und schmächtigere Beine", sprach Zeus. „Hier ist ein langer Schwanenhals; hier ist eine breite Brust; hier ist der anerschaffene Sattel! Willst du, Pferd, dass ich dich so umbilden soll?"

Das Pferd zitterte noch.

„Geh", fuhr Zeus fort. „Dieses Mal sei belehrt, ohne bestraft zu werden. Dich deiner Vermessenheit aber dann und wann reuend zu erinnern, so daure du fort, neues Geschöpf", Zeus warf einen erhaltenden Blick auf das Kamel, „und das Pferd erblicke dich nie, ohne zu schaudern."

(Gotthold Ephraim Lessing)

7 **Schreibe eine Inhaltsangabe mit Stellungnahme zu der Fabel in dein Heft.**

1. Notiere dir Stichpunkte für deine Inhaltsangabe. Achte beim Schreiben auf kurze, knappe Formulierungen, den Einleitungssatz, den Handlungsverlauf und die richtige Erzählzeit (in der Gegenwart das Präsens, bei Vorzeitigkeit das Perfekt).
2. Deine Stellungnahme zum Schluss soll folgende Punkte beinhalten: Ist die Fabel spannend oder unterhaltsam? Wie beurteilst du das Verhalten der Hauptfigur? Ist die Aussage der Fabel realistisch oder wirklichkeitsnah?

1.2 Berichten

DAS MUSST DU WISSEN

Der **Bericht** informiert zuverlässig über tatsächliche alltägliche Ereignisse oder auch besondere, einmalige Geschehnisse oder Erlebnisse sowie über Veranstaltungen jeglicher Art.

- Ein Bericht antwortet auf die **W-Fragen:** Was?, Wann?, Wo?, Wer?, Wie?, Warum?
- Das Wichtigste nennst du im Bericht am Anfang, danach folgst du dem Ablauf der Ereignisse.
- Achte auf einen **sachlichen Schreibstil.** Vermeide Wertungen und Gefühle. Gib Äußerungen von Beteiligten in der indirekten Rede oder als Zitat in der wörtlichen Rede wieder.
- Die verwendete Zeitform ist das **Präteritum**. Was vor dem berichteten Ereignis passiert ist, beschreibst du im **Plusquamperfekt**.
- Finde eine kurze, **treffende Überschrift.**

1 **Lies den folgenden Zeitungsbericht.**

Gestern gab es einen schweren Verkehrsunfall, der von einem offenbar übermüdeten Lkw-Fahrer ausgelöst wurde. Er prallte mit seinem Fahrzeug zunächst gegen einige geparkte Autos, darunter einen nagelneuen Porsche, fuhr dann einen Hydranten um, durchbrach einen Gartenzaun und landete schließlich im Vorgarten eines Hauses. Das Wasser, das sofort aus dem Hydranten schoss, lief in den Lagerkeller eines Schuhgeschäftes und setzte ihn komplett unter Wasser.

2 **Untersuche, ob der Text auf die W-Fragen antwortet.**

1. Unterstreiche Informationen im Text, die auf die W-Fragen antworten. Schreibe die entsprechende W-Frage an den Rand.
2. Notiere Stichpunkte zu den W-Fragen. Schreibe auch auf, welche W-Frage nicht oder ungenau beantwortet wird. Was fehlt außerdem?

Was?

Wann?

Wo?

Wer?

Wie?

Warum?

Folgende Informationen fehlen oder sind ungenau dargestellt:

3 **Bearbeite den Text „Gerichtsverhandlung".**

1. Kläre unbekannte Begriffe oder Sachverhalte mithilfe eines Lexikons.
2. Unterstreiche alle Informationen im Text, die auf die W-Fragen antworten und die für einen Bericht wichtig sind.

Gerichtsverhandlung

Was sie sagte, war oft unverständlich. Sie sprach leise, murmelte, gab manchmal unzusammenhängende Laute von sich. Mit flatternden, dünnen Fingern zupfte sie sich unentwegt an ihrem Pullover herum, während ihre Augen starr auf die Gestalt am Richtertisch gerichtet waren. Der Richter vermied direkten Augenkontakt.
Er durchblätterte die Akte der Frau, sah zur Gerichtsschreiberin und der Krankenschwester herüber oder fixierte einfach einen Punkt, der 20 cm über ihrem Kopf lag, wenn er zu ihr sprach.

Ab und zu konnte er es jedoch nicht vermeiden, sie anzuschauen. Es waren nur wenige Augenblicke, aber sie erweckten in ihm so etwas wie Mitleid, Ekel und auch Scham.
Es war einfach falsch, sie anzugucken. Er wusste es. Wäre er ihr auf der Straße begegnet, hätte er zur Seite geschaut, wäre einfach an ihr vorbeigelaufen. Es ist peinlich, jemanden anzugucken, dem Speichelfäden über das Kinn rinnen und der sich dieser Sache nicht einmal bewusst ist.
„Es ist wie Spionieren", dachte er. Aber er musste einfach hinsehen, Gewissheit darüber haben, dass keine zwei Meter von ihm entfernt eine 45-jährige Frau saß, die zwischen den zitternden Händen eine Plastikpuppe mit Schlafaugen hielt, eine Frau, von der ihm ein knisterndes Geräusch beim Hinsetzen verraten hatte, dass sie Windeln tragen musste.
Eine geisteskranke Frau. „Downsyndrom", stand in ihrer Akte. Zu Hause hatte er sich darunter nichts vorstellen können, doch jetzt, in ihrer Gegenwart, klang die Bezeichnung endgültig, traurig, erschreckend. Was er sah, machte ihm Angst. Sie war gut zehn Jahre jünger als er, doch nun sollte er sie entmündigen, in ein Heim schicken, weil sie nicht mehr für sich sorgen konnte. Ihre Krankheit war so etwas Ähnliches wie sehr frühzeitiges Altern, und er konnte sich des Eindrucks nicht erwehren, hier einen Teil seiner eigenen Zukunft zu sehen. Er würde alt werden, vergesslich und abhängig von anderen.
Wenn er Sachen vergaß, was in der letzten Zeit häufiger zu passieren schien, sagten seine Freunde: „Du wirst langsam senil." Natürlich war es ein Spaß, nicht mehr – aber ein Stachel blieb. So kurz, dass es ihm nicht einmal richtig bewusst wurde, hatte er ein Bild vor Augen. Er sah sich im Rollstuhl sitzen, mit grauem Hals, zahnlosem Kiefer und diesen entsetzlichen, ausdruckslosen Augen. Und die Pflegerin neben ihm, die zu anderen sagte: „Er war früher Richter. Ist es nicht schrecklich, wie schnell der geistige Zerfall geschehen kann?"
Aber er saß ja hier im Sitzungssaal, er war geistig aktiv – an was für einen Schwachsinn hatte er eben bloß gedacht? Es war gewiss ganz natürlich, ein wenig erschüttert zu sein, aber es war auch nur ein weiterer Fall, den er heute abschließen musste. Er hatte keine andere Möglichkeit, als die Frau zu entmündigen, und das tat er dann auch. Vielleicht würde er sich später noch einen weiteren Moment persönlicher Erschütterung gönnen, doch im Augenblick fühlte er nur grenzenlose Erleichterung, dass er ihr jung-altes Gesicht nicht mehr sehen musste.
Würde er ihr zukünftig auf der Straße begegnen (sehr unwahrscheinlich jedoch), würde er eben einfach wegsehen.
Aber sie ging nicht. Sie hielt den Kopf gesenkt, den Blick auf die Puppe gerichtet, sodass er über den Tisch ihre sorgfältig gescheitelten, schwarzen Haare sehen konnte. Weinte sie? Ihr Verhalten war ihm unangenehm. Dann sah er sie an, zum ersten Mal mit ganz klaren Augen. Sie streckte ihm die Hände entgegen, mit den Handflächen nach oben, auf denen ihre Puppe lag, und sagte mit flacher, aber verständlicher Stimme: „Wollen Sie Angelika halten?"
Diesmal senkte er den Blick, und in dieser Stellung verharrte er, bis die Krankenschwester die Frau hinausgeführt hatte.

4 **Stell dir vor, du bist Zeitungsreporter. Schreibe einen Bericht über die Gerichtsverhandlung in dein Heft.**

Achte auf:
1. die Beantwortung der W-Fragen, erfinde dazu fehlende Informationen,
2. eine knappe, präzise Darstellung ohne Wertungen,
3. die Verwendung des Präteritums bzw. des Plusquamperfekts und der indirekten Rede.

Finde abschließend eine kurze, treffende Überschrift.

5 **Schreibe einen Bericht über ein Ereignis an deiner Schule für eure Schülerzeitung.**

Die folgenden Anregungen helfen dir.

Schulfest	Abschlussfest Abitur	Schüleraustausch	Neue Computer in der Schule

Schreibe den Bericht in dein Heft. Gib ihn Freunden oder deinen Eltern zum Lesen. Lass sie beurteilen, ob er gut informiert.

1.3 Beschreiben

DAS MUSST DU WISSEN Personenbeschreibung

Bei einer Personenbeschreibung kommt es darauf an, die Person so treffend wie möglich zu beschreiben. Je nach Zweck und Anlass verändern sich der Schreibstil und die Angaben zur Person: Sie sind sachlich und nüchtern bei einer Vermisstenanzeige, schriftlichen Beurteilung oder polizeilichen Fahndung; ausschmückend und gefühlvoll im Brief oder in der Erinnerung.

- Nenne in der **Einleitung** den Anlass der Beschreibung.
- Beschreibe die Person im **Hauptteil** treffend. Gehe auf Name, Geschlecht, Alter, Gestalt, Gesicht, Bekleidung und besondere Kennzeichen ein.
- Du kannst die Person von oben nach unten oder vom Gesamtbild ausgehend bis hin zu Einzelheiten beschreiben.
- Verbinde die Sätze zu einem durchgehenden Text und benutze nicht immer die gleichen Wörter (wie „hat“ oder „ist“). Achte auf treffende Adjektive.
- Schreibe in der **Zeitform Präsens**.

1 Hier sind einige Stichwörter durcheinandergeraten.

Streiche alle Angaben durch, die nicht eine Person, sondern ein Tier betreffen.

grobe Halskette mit einer Öse · *Siegelring mit den Buchstaben AL*
schüchtern · *weinroter Baumwollpullover* · *hängt sehr an seinem Frauchen*
Annette Langler · *schulterlanges blondes Haar* · *hört gerne Folkmusik*
gehorcht auf Pfiff · *17 Jahre alt* · *modische Nickelbrille* · *168 cm groß*
stubenrein · *Sommersprossen* · *trägt einen grünen Faltenrock*
jagt gerne schwarze Katzen · *lispelt stark* · *graugrüne schmale Augen*
weiß-blaue Turnschuhe · *spitze Schnauze* · *schlank* · *langes, braunes Fell*
zurückhaltend und leise · *Leberfleck auf der linken Wange* · *ovales Gesicht*
vergisst häufig das Pausenbrot · *frisst am liebsten Leberwurst*

2 Schreibe die übrig gebliebenen Angaben geordnet auf. Ergänze fehlende Angaben mithilfe der Abbildung.

Beachte, dass nicht alle Angaben oben in eine Personenbeschreibung gehören. Streiche sie durch.

Name: ______________________

Geschlecht: ______________________

Alter: ______________________

Gestalt (Aussehen, Figur, Größe): ______________________

____

____

____

____

____

____

____

____

Bekleidung:

Besondere Kennzeichen:

3 **Verfasse mithilfe der Angaben eine sachliche Personenbeschreibung für eine polizeiliche Fahndung.**

Annette Langler hat in einem Kaufhaus Ware im Wert von mehreren Hundert Euro gestohlen. Sie wird polizeilich gesucht. Schreibe in dein Heft.

4 **Lies den folgenden Text.**

Es ist jetzt an der Zeit, zu sagen, was für ein Gesicht Mahlke hatte. [...] Behelfsmäßig wurden wir uns einig: Er hatte graue oder graublaue, helle aber nicht leuchtende, auf keinen Fall braune Augen. Das Gesicht länglich mager, um die Backenknochen muskulös. Die Nase nicht auffallend groß aber fleischig, bei kaltem Wetter schnell gerötet. Vom ausladenden Hinterkopf wurde schon berichtet. Schwer konnten wir uns über Mahlkes Oberlippe einigen. Jürgen Kupka war meiner Meinung: Aufgestülpt stand sie vor und konnte die beiden oberen Schneidezähne, die gleichfalls nicht senkrecht sondern hauerartig schräg standen, nie ganz verdecken – außer beim Tauchen natürlich. [...] Er zeichnete ihn von vorne. Damals trug Mahlke schon den affigen und mit Zuckerwasser fixierten Mittelscheitel. Das Gesicht gab er als zum Kinn hin gespitztes Dreieck wieder. Der Mund sauer verkniffen. Keine Spur von sichtbaren Schneidezähnen, die als Hauer Effekt gemacht hätten. Die Augen, stechende Punkte unter schmerzlich gehobenen Brauen. Der Hals gewunden, halb im Profil, mit einer Ausgeburt von Adamsapfel.

*(aus: Günter Grass: Katz und Maus © Steidl Verlag, Göttingen 1993. Erstausgabe: September 1961)**

5 **Fertige eine eigenständige Beschreibung von Mahlke an. Achte auf treffende Adjektive.**

Du hast schöne Erinnerungen an Mahlke und beschreibst ihn positiv.
Schreibe in dein Heft.

DAS MUSST DU WISSEN Gegenstandsbeschreibung

Bei einer Gegenstandsbeschreibung ist das Ziel, den Gegenstand möglichst genau zu beschreiben.

- Beschreibe in der **Einleitung** die Funktion/Aufgabe des Gegenstands.
- Gehe im **Hauptteil** auf das Aussehen ein.
- Du kannst den Gegenstand von oben nach unten oder vom Gesamtbild ausgehend bis hin zu Einzelheiten beschreiben.
- Verwende genaue Bezeichnungen (Fachbegriffe). Erkläre sie, wenn sie nicht allgemein bekannt sind.
- Schreibe in der **Zeitform Präsens**.

6 Schreibe eine Gegenstandsbeschreibung einer Schleuse in dein Heft.

Notiere zunächst Stichpunkte:

1. Welche Funktion hat eine Schleuse?
2. Wie ist sie genau aufgebaut?
3. Wie sieht eine Schleuse von oben und von der Seite aus?

Beschreibe die Schleuse anschließend möglichst genau in deinem Heft.

Schleuse von der Seite:

Schleuse von oben:

DAS MUSST DU WISSEN Vorgangsbeschreibung

Eine Vorgangsbeschreibung muss so verfasst sein, dass man sich den Vorgang genau vorstellen kann.

- Gib die Schritte in der **richtigen Reihenfolge** genau und vollständig wieder.
- Beschreibe **knapp und sachlich**. Erkläre den Vorgang.
- Verwende genaue Bezeichnungen (Fachbegriffe). Erkläre sie, wenn sie nicht allgemein bekannt sind.
- Schreibe in der **Zeitform Präsens**.

7 **Notiere zu den einzelnen Phasen des Schleusens Stichpunkte.**

8 **Schreibe eine Vorgangsbeschreibung zum Schleusen in dein Heft.**

Achte auf folgende Punkte:
- ▷ Die richtige Reihenfolge des Durchschleusens muss deutlich werden.
- ▷ Du musst möglichst genau beschreiben, was während der einzelnen Phasen genau geschieht.

9 **Verfasse eine Vorgangsbeschreibung zum Schleusen in einem U-Boot in deinem Heft.**

Stell dir dazu folgende Situation vor:
Aus einem U-Boot, das sich in zehn Meter Meerestiefe befindet, soll ein Taucher „aussteigen", um ein Wrack, das auf dem Meeresboden liegt, näher zu untersuchen. In das U-Boot soll kein Wasser eindringen. Das ist nur möglich mithilfe einer Schleuse.

1.4 Argumentieren

DAS MUSST DU WISSEN | **These, Argument und Beispiel**

Beim **Argumentieren** versucht man, andere von der eigenen Meinung zu überzeugen. Das funktioniert aber nur dann, wenn die Argumentation nachvollziehbar und in sich widerspruchsfrei ist.
- ▶ Ausgangspunkt ist eine **These** (Behauptung), die deine eigene Meinung deutlich macht.
- ▶ Diese eigene Meinung musst du anschließend durch **Argumente** (Begründungen) stützen.
- ▶ **Beispiele** entweder aus deinem eigenen Erfahrungsbereich oder aus anderen Quellen (Tabellen, Diagramme, Untersuchungen) veranschaulichen die Argumente.

BEISPIEL

These (Behauptung):

- Ich bin der Meinung, dass unsere Schule in eine Ganztagsschule umgewandelt werden sollte.

Argumente (Begründungen):

- Denn in der Ganztagsschule können wir unsere Hausaufgaben unter der Beratung und Hilfe von Lehrern erledigen.
- Denn in der Ganztagsschule haben wir mehr Zeit für Projekte und gemeinsame Aktionen.

Beispiele:

- Zwei meiner Freunde sind zu einer Ganztagsschule gewechselt und haben seitdem bessere Noten.
- In der letzten Woche habe ich einen Bericht in unserer Zeitung gelesen, in dem stand, dass Schüler in Ländern mit Ganztagsschulen besser lernen.

1 Unterscheide Thesen, Argumente und Beispiele voneinander.

Schreibe T für These, A für Argument oder B für Beispiel in die Kästchen.

1. Stellt euch vor, ich würde jede Minute um 280 € reicher, während ich dieses Referat hier halte! Bei einem Jahreseinkommen von 6 Millionen € wäre genau das der Fall.
2. Leistungssportler verdienen diese Summen.
3. Ein aktuelles Beispiel von vielen ist das Champions-League-Finale, das in Kürze stattfinden wird. Es ist klar, dass es dort um Millionenumsätze geht.
4. Gerade die extrem hohen Prämien bewirken, dass der im Leistungssport früher als Motivation für den Wettkampf ausreichende Ehrgeiz, das Spiel zu gewinnen, verschwunden ist.
5. Denn heute ziehen Sportler einen Großteil ihrer Motivation aus den Geldsummen.
6. Ein positiver Aspekt für diese Art der Kommerzialisierung des Sportes ist, dass Menschen aus armen Verhältnissen so viel Geld verdienen können, dass sie ihrem sozialen Umfeld entfliehen können.
7. Denn das ist die Chance für sie, bessere Lebensbedingungen für sich und ihre Familie zu schaffen.
8. Fußball ist zu einem knüppelharten Beruf verkommen.
9. Denn nicht mehr Wettkämpfer konkurrieren miteinander, sondern Sponsoren und Medien.
10. Das Beispiel der Tour de France zeigt, dass Sportler chemische Präparate nehmen und ihren Körper zwingen, über seine Leistungsgrenze zu gehen.

2 **Finde zu den folgenden Thesen ein Argument und ein Beispiel.**

1. Der Besitz von Kampfhunden sollte grundsätzlich verboten werden.

2. Zu viel Fast Food zu essen ist ungesund.

3. Laute Musik (Disco, Konzert) schädigt auf Dauer die Ohren.

DAS MUSST DU WISSEN **Leserbrief**

Ein Leserbrief hat zum Ziel, die eigene Stellungnahme überzeugend zu vertreten.

- Formuliere einleitend deine eigene **Meinung** in einem Satz.
- Nenne anschließend **Argumente** und **Beispiele,** die deine eigene Meinung unterstützen. Führe das überzeugendste Argument am Schluss an.
- Abschließend kannst du deine eigene Meinung noch einmal bekräftigen, indem du schreibst, inwiefern sie sich als Folgerung aus deinen Argumenten ergibt (*daher*, *folglich*, *aus diesen Gründen*).

3 **Lies den Leserbrief.**

Unterstreiche
1. Meinungen (Thesen),
2. Argumente und
3. Beispiele.

Eine alte Leier

Ich wundere mich jede Saison darüber, warum bei jedem Spiel von Werder gegen den HSV die alte Leier von der Nummer 1 im Norden aus der Mottenkiste gezogen wird. Werder ist spätestens seit der Ära Rehhagel die absolute Nummer 1 im Norden, und in der Ära Schaaf sowieso. Der einzige nationale Konkurrent für Werder ist Bayern München, international die Gegner in der Champions League. Warum lassen sich Verantwortliche und Fans immer wieder auf diese regionalen Quervergleiche ein, die sie schon längst für sich entschieden haben? Vielleicht fordert ja demnächst Kickers Emden die Werderaner heraus zu einem Spiel um die Vorherrschaft im Nordwesten, und die Bremer würden diese Herausforderung auch noch brav annehmen. Etwas mehr Selbstvertrauen bitte!

(Leserbrief aus dem Weser-Kurier vom 5.12.2011)

4 **Beantworte folgende Fragen.**

1. Welche Meinung (These) vertritt der Leser?

2. Mit welchen Argumenten begründet er seine Position?

3. Welche Beispiele und Belege bringt er an?

5 **Fälle ein Urteil über den Leserbrief.**

Gibt es Verbesserungsmöglichkeiten? Gib dem Leser einige Tipps.

6 **Lies den folgenden Artikel. Unterstreiche die wichtigsten Aussagen.**

Zeugnisnoten eher schädlich als nützlich

Eine Untersuchung des Kultusministeriums bringt es an den Tag: Die Zeugnisnoten geben weder ein objektives Bild des Leistungsvermögens wieder noch sind sie Ansporn für die Schüler, ihre Leistungen zu steigern.

Die niedersächsische Landesschulbehörde hat umgehend auf die Studie reagiert: Die bisherigen Zeugnisnoten von „sehr gut" (1) bis „ungenügend" (6) werden abgeschafft und durch die zwei Noten „erfolgreich" und „nicht erfolgreich" ersetzt. Bereits mit Beginn des nächsten Schuljahres soll die neue Regelung in Kraft treten. Proteste seitens der Lehrerschaft, des Lehrerverbandes und der Gewerkschaft Erziehung und Wissenschaft wurden ignoriert. Die Lehrer und ihre Verbände befürchten, dass „Schule ohne Noten" zu völliger Leistungsverweigerung führen wird, weil den Schülern jeglicher Ansporn genommen würde. Auch der Landeselternrat steht dem Vorhaben eher kritisch gegenüber. „Wie sollen wir Eltern ohne das herkömmliche Notensystem wissen, wie das Leistungsniveau unserer Kinder in der Schule ist?", fragt sich die Vorsitzende M. Müller in einem Interview. Ähnliche Bedenken äußert der Bundesverband der deutschen Industrie und kündigt Konsequenzen in Form von strengen Aufnahmetests für jede Lehrstelle an.

7 **Nimm in einem Leserbrief Stellung zu dem Artikel.**

Schreibe in dein Heft. Denke daran,

1. einleitend deine eigene Meinung in einem Satz zu formulieren,
2. Argumente und Beispiele anzuführen, die deine eigene Meinung unterstützen, und
3. deine Meinung in einem Schlusssatz zusammenzufassen.

DAS MUSST DU WISSEN | **Appellative Texte**

Appellative Texte wollen für eine Sache oder eine Meinung werben. Ihr Ziel ist es, andere zu überzeugen. Auch hier gilt die Regel, überzeugende **Argumente** zu finden und sie mit **Beispielen** oder Belegen zu bekräftigen.

8 Lies den folgenden Artikel.

Kampagne für gesunde Ernährung in Schulen gescheitert

LONDON – Englands Starkoch James Olivetti möchte am liebsten den Kochlöffel hinschmeißen. Sein Projekt, den übergewichtigen englischen Schülern gesundes Essen mit viel Nährstoffen, Vitaminen und Ballaststoffen, aber wenig Kalorien nahezubringen und ungesundes Fast Food in den Schulen zu verbieten, ist dem Widerstand der englischen Mütter nicht gewachsen. Die Mütter, die gar nicht einsehen wollen, dass ihre Kinder auf Hamburger, „Fish and Chips“ und „Donuts“ verzichten sollen, organisieren seit einigen Wochen einen Pausendienst, der es den Schülern ermöglicht, sich über den Schulhofzaun mit Junkfood einzudecken. Olivettis Kampagne steht jetzt vor dem Aus.

9 **Schreibe zwei offene Briefe an die englische Zeitung aus der Sicht des Starkochs James Olivetti.**

1. Bewege die englischen Mütter zur Aufgabe ihres „Pausendienstes“.
2. Überzeuge die englischen Schüler, den „Pausendienst“ nicht in Anspruch zu nehmen.

Finde überzeugende Argumente und Beispiele. Schreibe in dein Heft.

DAS MUSST DU WISSEN | **Erzählen aus veränderter Perspektive**

Perspektive meint die Sichtweise, aus der eine Geschichte erzählt wird. Es gibt die **personale Perspektive** aus der Sicht einer einzelnen Figur und die **Perspektive des allwissenden Erzählers.**
Wenn du eine Geschichte aus einer anderen Perspektive erzählen sollst, helfen dir folgende Punkte:

- Ist der Perspektivenwechsel richtig erfasst, wird also die Handlung wirklich aus der vorgegebenen Sichtweise erzählt?
- Hast du eine Einleitung und einen Schluss geschrieben?
- Ist die Handlung in der richtigen Reihenfolge dargestellt?
- Hat die Geschichte einen Spannungsbogen und einen Höhepunkt?
- Ist der Witz (die Pointe) der Geschichte erfasst?
- Hast du die Gefühle und Gedanken des Erzählers dargestellt?
- Hast du die wörtliche Rede als belebendes Stilmittel verwendet?
- Hast du dich um eine abwechslungsreiche und die Spannung steigernde Wortwahl bemüht?

4 **Lies die Kurzgeschichte auf S. 27 bis 28 noch einmal.**

5 **Schreibe in Stichpunkten auf, wie der Junge die beschriebene Situation erleben könnte.**

6 **Erzähle die Geschichte „Clown, Maurer oder Dichter" aus der Perspektive des Jungen.**

Achte darauf, dass seine Gedanken und Gefühle ausführlich zur Geltung kommen. Schreibe in dein Heft.

DAS MUSST DU WISSEN Brückentexte schreiben

Wenn du einen Brückentext schreiben sollst, fehlt meist der **Hauptteil** der Geschichte mit dem **Höhepunkt** und du sollst ihn ausgestalten. Überlege:

- Welches wichtigste Ereignis könnte am Höhepunkt der Geschichte passieren? Beispiele: Das Rätsel wird gelöst, die entscheidende Auseinandersetzung findet statt, die von Anfang an bestehende Aufgabe wird endlich geschafft.
- Ist die Geschichte spannender in der Ichform oder der Er-Form?
- Sollst du dich für eine „natürliche“ oder eine „übernatürliche“ Lösung entscheiden?
- Wie kannst du die Auflösung des Rätsels so vorbereiten, dass sie möglichst spannend und überraschend wirkt?
- Wie kannst du den Höhepunkt so verzögern, dass die Spannung steigt?
- Wie soll die Geschichte nach dem Höhepunkt auf den (vorgegebenen) Schluss vorbereiten?

Auch die folgenden Aspekte sind für die Gestaltung des Brückentextes wichtig:

- Verwende treffende Verben und Adjektive sowie wörtliche Rede.
- Schildere Gefühle und Gedanken der Person(en).

7 Lies die folgende Geschichte.

Aufregung im Stadtmuseum

Am gestrigen Tag besuchte die 7a des Gymnasiums an der Willmsstraße zusammen mit ihrer Lehrerin das Stadtmuseum, um sich die dortige Sonderausstellung anzusehen. Gezeigt werden Gemälde aus vier Jahrhunderten, die der Kunstsammler Artur Hicks im Laufe der Zeit zusammengetragen hat. Nachdem die Klasse schon einige Zeit durch die Ausstellung gewandert war, kam sie schließlich in den sogenannten Prinz-Eugen-Raum. Die schon müde gewordene Gruppe erlebte jedoch plötzlich eine Überraschung: Auf einem der hier gezeigten Bilder war eindeutig Finn, ein Schüler der Klasse, zu erkennen! Der anfängliche Verdacht einer Fälschung wurde von dem Museumsdirektor Dr. Gunzel aus dem Weg geräumt: Er bestätigte, dass das Gemälde 350 Jahre alt sei.

...

Die Klasse und auch der Museumsdirektor hatten gespannt der überaus abenteuerlichen Erklärung Finns, wie es zu diesem Bild kommen konnte, gelauscht. Finn erschien allen plötzlich in einem ganz anderen Licht. Sein Tischnachbar Mark schaute ihn lange an und sagte dann schließlich mit einer Mischung aus Bewunderung, Erstaunen und Erschrecken: „Also Finn, das hätte ich wirklich nie für möglich gehalten!“

8 **Schreibe Stichpunkte zum Höhepunkt der Geschichte auf.**

Verwende die folgende Grafik.

9 **Schreibe den Brückentext in dein Heft.**

Denke daran, den Höhepunkt der Geschichte spannend zu gestalten.

Test

1 Was sind die wichtigsten Kennzeichen einer Inhaltsangabe? Notiere Stichpunkte.

2 Schreibe zu dem folgenden Text eine Inhaltsangabe in dein Heft.

Schule muss auch erziehen

Nicht nur das Wissen, auch das Verhalten und der Benimm sind schulische Lernziele.

Die KMK (ständige Konferenz der Kultusminister) hat auf ihrer letzten Sitzung einstimmig festgestellt:

Der schulische Bildungsauftrag erstreckt sich in allen Schulformen und -stufen nicht nur auf die Vermittlung von Wissen und Kompetenzen, sondern ganz wesentlich auch auf die Einübung in Kulturtechniken wie richtiges Benehmen und soziales Verhalten im Umgang mit den Mitmenschen. Auch Tugenden wie Fleiß, Pünktlichkeit und Zuverlässigkeit soll und muss Schule vermitteln.

Die KMK hat daher ebenfalls einstimmig die Einführung sogenannter Kopfnoten beschlossen. Vom nächsten Schuljahr an sollen das Sozial- und das Arbeitsverhalten aller Schüler an deutschen Schulen beurteilt werden.

Die KMK überlässt es den Ländern, ob diese Beurteilung in Form einer Note (von „sehr gut" [1] bis „ungenügend" [6]) erfolgen soll oder durch eine sprachliche Beschreibung oder eine Mischform von beiden. Ebenfalls den Ländern bleibt es überlassen, ob die beiden „Fächer" Sozial- und Arbeitsverhalten noch weiter untergliedert werden sollen.

3 Was solltest du bei einem Leserbrief beachten?

4 **Du bist gegen Kopfnoten. Schreibe einen Leserbrief an die Zeitung in dein Heft.**

5 **Was musst du bei einem Bericht beachten? Schreibe Stichpunkte auf.**

6 **Schreibe einen Bericht für deine Zeitung.**

Stell dir folgende Situation vor: Du bist Reporter eurer Schülerzeitung. Eure Schule bekommt von der Firma Banana zwölf nagelneue Computer geschenkt, gleichzeitig werdet ihr „Banana-Modellschule“. Das heißt, die Firma wird euch in Zukunft die Wartung der Banana-Computer sowie den Austausch veralteter Rechner finanzieren.

7 **Was beinhaltet eine sachliche Personenbeschreibung? Notiere Stichpunkte.**

8 **Fertige eine Personenbeschreibung der Schülerin in deinem Heft an.**

Sophie ist 18 Jahre alt, 165 cm groß und wiegt 52 Kilogramm. Sie trägt Schuhgröße 37.

2 Texte lesen und verstehen

Das musst du am Ende der Klasse 7 können:

- ▷ Verschiedene Informationsquellen für unterschiedliche Anlässe nutzen
- ▷ Inhalte von Texten schnell erfassen
- ▷ Texte strukturieren und ihren Inhalt möglichst kurz mit eigenen Worten wiedergeben
- ▷ Mit journalistischen Texten und Darstellungsformen umgehen
- ▷ Erzähltexte verstehen
- ▷ Über grundlegende Kenntnisse zu den verschiedenen Textarten verfügen

2.1 Sich informieren

Wer den Medien gezielt Informationen entnehmen will, braucht vorher eine Suchstrategie, denn das Hauptproblem bei der Informationsbeschaffung heute ist nicht, an Informationen heranzukommen. Im Gegenteil: In Büchern, Lexika, Zeitungen und Zeitschriften und natürlich besonders im Internet gibt es Informationen in Hülle und Fülle!
Dieses Kapitel soll dir zeigen, wie du den Medien gezielt Informationen entnehmen kannst.

TIPPS UND INFOS **Medien gezielt nutzen**

Gehe schrittweise vor:

1. **Grenze zunächst dein Thema ein:**
   Zuerst sollte eine spontane Stoffsammlung stattfinden. Notiere Stichpunkte zu verschiedenen Aspekten des Themas.
2. **Lexikon:**
   Einen ersten Überblick über das Thema kannst du dir sehr gut mithilfe eines Konversationslexikons verschaffen. Das wohl bekannteste Lexikon dieser Art ist der Brockhaus, daneben Meyers Lexikon in Buchform. Es gibt auch Onlinelexika für Schüler, z. B. das Duden Schülerlexikon (www.schuelerlexikon.de).
3. **Zeitungen und Zeitschriften:**
   Es ist oftmals sehr schwierig, fündig zu werden, wenn es um ganz spezielle Informationen zu nicht aktuellen Themen geht. Denn es gibt kaum die Möglichkeit einer systematischen Suche. Aber die meisten Zeitungen und Zeitschriften sind im Internet vertreten. Mit dem entsprechenden Suchbegriff kannst du dort in einer Suchmaschine nach Beiträgen zu deinem Thema suchen.

4. **Internet:**
   Für die Suche im Internet greifst du am besten auf eine Suchmaschine zurück, z. B. www.google.de. Hier kannst du deine Suchbegriffe eingeben. Ausgehend von den Ergebnissen kannst du dann weitersuchen. Du kannst auch Wikipedia nutzen, eine freie Internet-Enzyklopädie (www.wikipedia.de). Hier findest du viele Verweise auf Bücher, Abbildungen und anderes, um das Thema weiter zu beleuchten.
5. **Suche nach Literatur in der Bibliothek:**
   Die Kataloge der Bibliotheken sind meist im Internet vertreten. Auch hier kommst du mit einem Suchbegriff weiter. Außerdem bietet sich die Suche mit dem Autorennamen an, falls du etwas zu oder von einem Autor suchst.

1 Du möchtest dich zunächst allgemein zum Thema „Walfang“ im Internet informieren.

- ▷ Setze dich zu Hause oder in der Schule an einen Computer mit Internetverbindung.
- ▷ Starte zunächst die Suchmaschine www.google.de.
- ▷ Gib dann den Suchbegriff „Walfang“ ein und klicke auf „Google-Suche“.

Schreibe Stichpunkte zu den ersten drei gelisteten Homepages auf.

1. Name/Organisation der Seite:

   Inhalt:

2. Name/Organisation der Seite:

   Inhalt:

3. Name/Organisation der Seite:

   Inhalt:

2 Finde nun im Internet heraus, wie das berühmte Buch heißt, das Herman Melville über einen Wal geschrieben hat.

Klicke dazu entweder bei deinen Suchergebnissen oben die Seite von Wikipedia an oder gib bei www.wikipedia.de noch einmal den Suchbegriff „Walfang“ ein. Öffne die Seite und schaue genau.

Unter folgendem Punkt habe ich das gesuchte Buch gefunden:

Das Buch heißt:

Es handelt von:

3 Du möchtest mehr über Herman Melville erfahren.

Tipp: Schau auf der Seite über den Walfang bei Wikipedia, ob du einen Link (farbig gekennzeichnete Wörter) zu Herman Melville findest oder gib noch einmal den Namen in der Suchmaschine ein.
Schreibe Stichpunkte zu dem Autor auf.

Lebensdaten des Autors:

Herkunftsland:

Erscheinungsjahr des Buches „Typee“:

4 Welche weiteren Möglichkeiten gibt es, mehr über das Leben von Herman Melville herauszubekommen?

Versuche, eine Biografie (Buch über das Leben) des Autors zu finden. Schreibe den Autor und den Namen des Buches auf.

5 **Dich interessieren auch noch aktuelle Berichte zum Thema Walfang.**

1. Gib www.sueddeutsche.de ein. Du kommst auf die Homepage der Süddeutschen Zeitung.
2. Gib als Suchbegriff „Walfang“ ein.
3. Schreibe auf, wie viele Beiträge du gefunden hast.
4. Notiere in Stichpunkten, wovon die ersten drei Beiträge handeln.

6 **Wo findest du die passenden Informationen? Ergänze die Tabelle.**

Du suchst	Hier wirst du fündig
Erste Informationen zum Thema „Globalisierung“	
Veröffentlichungen eines bestimmten Autors	
Informationen zu Autoren, z. B. über das Leben Bertolt Brechts	
Informationen zu aktuellen Ereignissen, z. B. Bahnstreik	

2.2 Texte strukturieren und auswerten

DAS MUSST DU WISSEN Diagonales Lesen

Das diagonale oder überfliegende Lesen dient dem Zweck, sich schnell einen **Überblick** über den Inhalt und den Informationsgehalt eines längeren Textes zu verschaffen. Auf diese Weise sollen über **Schlüsselwörter** die wichtigsten Informationen aufgenommen werden. Das diagonale Lesen eignet sich dazu, sich eine Entscheidungsgrundlage zur möglichen Auswahl eines Textes zu schaffen.

- ▶ Überfliege die Seiten im Zickzack und benutze dazu eine Lesehilfe, z. B. einen Bleistift oder den Finger.
- ▶ Achte auf Schlüsselwörter, die dir deutlich machen, welche Informationen der Text enthält, und unterstreiche sie.

1 **Übe anhand des folgenden Textes diagonales Lesen.**

Für die Übung brauchst du eine Uhr mit Sekundenzeiger und eine Lesehilfe. Du hast genau zehn Sekunden, um den folgenden Text diagonal zu lesen. Überfliege die Seiten im Zickzack und unterstreiche Schlüsselwörter.

Lesen

Lesen bezeichnet vorrangig das Umsetzen von Schriftzeichen in Gedanken oder Sprachlaute. Auch das Deuten von Karten, technischen Zeichnungen, Schaltplänen und speziellen Notationen wie Musiknoten und mathematischen Formeln wird Lesen genannt. Lesen kann als verkürzte Form für Vorlesen stehen, das gleichzeitige laute Aussprechen des Gelesenen. In der Informatik bezeichnet man die Datenaufnahme von einem Datenträger als Lesen, von einem Eingabegerät auch als Einlesen. Im übertragenen Sinne nennt man die Deutung von Spuren aller Art Lesen, z. B. beim „Fährtenlesen“, wenn man „in einem Gesicht liest“, um aus der Mimik auf die Stimmung einer Person zu schließen, oder wenn Golfer „das Grün“ oder „den Boden lesen“, also Unebenheiten in der Rasenfläche suchen.

Ursprünglich bedeutete lesen in den germanischen Sprachen „einzeln einsammeln“. Diese Grundbedeutung ist im Deutschen bis heute lebendig und der Ursprung zahlreicher zusammengesetzter Wörter wie auflesen (vom Boden aufsammeln), Auslese (nach Qualitätsmerkmalen aussuchen), handverlesen (nach Einzelbetrachtung ausgesucht) und erlesen (qualitativ hochwertig). Auch die Weinlese als sorgsame händische Ernte von Weintrauben geht auf die germanische Urbedeutung zurück. Ferner gibt es Sprichwörter, in denen lesen in seiner ursprünglichen Bedeutung noch heute verwendet wird, z. B. in „nicht viel Federlesens machen“: Früher mussten Federn gelesen werden, bevor man sie in Kissen füllen konnte. Dabei wurden harte und spitze Teile entfernt, sodass die Kissen angenehm weich wurden. Wer nicht besonders gründlich las, nahm die Nachteile der schlampigen Arbeit billigend in Kauf.

Die heutige Bedeutung des Wortes lesen bildete sich im Deutschen etwa zwischen dem 2. und 7. Jahrhundert und geht darauf zurück, dass das Lesen als „sorgfältiges Aufsammeln von Zeichen“ betrachtet werden kann. (...) Wegen der weitgehenden Bedeutungsgleichheit des lateinischen legere („aufsammeln“, „lesen“) mit dem deutschen lesen gilt die heutige Hauptbedeutung als Lehnbedeutung aus dem Lateinischen.

Die kulturelle Bedeutung des Lesens hat sich im Laufe der Zeit stark gewandelt. Früher war die Lesefähigkeit ein Luxusgut der gehobenen Gesellschaft, das insbesondere den Frauen vorenthalten wurde. Heute gilt das Lesen als eine der Grundsäulen des Informationsaustauschs zwischen Menschen und wird in vielen Lebensbereichen vorausgesetzt. In Industriegesellschaften ist Lesen unabdingbar, um sich im Alltag zurechtzufinden: Preisschilder, Busfahrpläne und Mietverträge sind nur einige Bei-

spiele für alltägliche Schriftstücke. Analphabeten, d. h. Menschen, die weder lesen noch schreiben können, sehen sich deshalb mitunter bei alltäglichen Aufgaben mit großen Schwierigkeiten konfrontiert. Die Lesekompetenz gilt daher als Grundfähigkeit, über die nach vorherrschender Meinung jeder Mensch verfügen sollte. Lesen wird Kindern deshalb zu Schulbeginn nahegebracht. Hilfsprogramme zielen darauf ab, Analphabeten das Lesen beizubringen. Lesen gilt als Königsweg zur Bildung. Durch das Lesen von Sachtexten werden je nach Textqualität umfassende theoretische Kenntnisse erworben, die man direkt in die Praxis umsetzen kann. So ist es möglich, Bildung auf verschiedensten Gebieten, von alltäglichen Dingen wie Kochen und Computerbedienung bis hin zu Wissenschaft und Kunst, zu gewinnen. [...] Personen mit hohem Bildungsgrad nennt man entsprechend belesen.
Ein wichtiger Teilaspekt des Lesens ist die Reflexion, also das Überdenken des Gelesenen. In Philosophie und Religion beispielsweise ist nicht nur das direkt vermittelte Wissen bedeutsam, sondern vor allem die Erkenntnis, die der Leser durch Nachdenken über das Gelesene selbst gewinnt.

(vgl. Wikipedia: http://de.wikipedia.org/wiki/Lesen, eingesehen am 15. August 2011)

2 Notiere zum Inhalt des Textes Stichpunkte.

Orientiere dich an deinen Schlüsselwörtern, ohne den ganzen Text noch einmal zu lesen. Schreibe in dein Heft.

3 Beurteile den Text.

Nimm Stellung dazu, ob er für ein Referat zum Thema „Die Geschichte und kulturelle Bedeutung des Lesens“ geeignet ist. Schreibe in dein Heft.

DAS MUSST DU WISSEN — **Markieren**

Die Kunst des Markierens besteht darin, die richtige „Menge“ an Informationen zu kennzeichnen. Du solltest in der Lage sein, die **Kerninhalte** eines Textes anhand der Markierungen wieder ins Gedächtnis zu rufen. Gehe in drei Schritten vor.

- **Schritt 1:** Lies den Text und markiere dir mit einem Fragezeichen am Rand unbekannte oder unklare Begriffe. Kläre sie durch Nachschlagen im Lexikon oder durch Nachfragen. Schreibe kurze Erklärungen auf.
- **Schritt 2:** Lies den Text ein zweites Mal und unterstreiche mit Bleistift wichtige Aussagen. Markiere so wenig wie möglich.
- **Schritt 3:** Im dritten Arbeitsgang markierst du aus den mit Bleistift unterstrichenen Stellen nur die Kernwörter.

4 **Erschließe den Text über das Lesen (S. 38 bis 39) durch Markieren.**

Wende die beschriebenen drei Arbeitsschritte an.

DAS MUSST DU WISSEN **Exzerpieren (Zusammenfassen)**

Um sich Textaussagen gut merken zu können, ist es sinnvoll, sie zusammenzufassen. In einem Exzerpt gibst du nur die wesentlichen Aussagen in deinen eigenen Worten und zusammenhängenden Sätzen wieder.

- Bereite den Text durch die **Drei-Stufen-Methode** des Markierens (S. 39) vor.
- Benutze dann beim Zusammenfassen die **Kernwörter** und finde eigene Formulierungen.

Schreibe so knapp wie möglich. Stell dir vor, das Exzerpt soll auf einen Spickzettel passen.

5 **Bearbeite den folgenden Text durch Markieren.**

Gehe in drei Schritten vor:

1. Unterstreiche zunächst unbekannte Wörter und Begriffe. Kläre ihre Bedeutung und schreibe sie an den Rand.
2. Unterstreiche wichtige Aussagen mit Bleistift.
3. Markiere Kernwörter in den unterstrichenen Passagen.

Pflichtfach Benimm

Gerade sitzen, Ohren spitzen

So geht Old School: Ein britisches Internat macht gutes Benehmen zum Pflichtfach für alle Schüler ab 13 Jahren. Der Rektor lädt die Jugendlichen einzeln zum Dinner ein, sein Vize bringt ihnen Bügeln bei. Auch auf dem Lehrplan: Eierkochen für Fortgeschrittene.

Benimm ist künftig Pflichtunterricht am privaten Brighton College im Süden Großbritanniens. Alle Internatsschüler ab 13 Jahren sollen einmal pro Woche lernen, wie sie sich bei Tisch ordentlich benehmen, aber auch wie ein Hemd gebügelt oder ein Ei gekocht wird.
So sollen sie fit gemacht werden für das gesellschaftliche Leben, sagte Schulleiter Richard Cairns.
Ausschlaggebend für das neue Fach sei eine im Dezember veröffentlichte Umfrage unter Führungspersönlich-

keiten gewesen, wonach junge Schulabgänger unhöflich seien und nicht wüssten, wie sie sich in der Gesellschaft richtig zu benehmen hätten. „Früher haben sie das zu Hause gelernt", so Cairns.
Der Schulleiter verdonnerte nun das gesamte Kollegium des Internats, sich am neuen Fach zu beteiligen.
Sein Stellvertreter wird vorführen, wie ein Hemd gebügelt wird, ein Aufseher soll zeigen, wie eine Fliege gebunden wird, und der Küchenchef soll sechs Varianten für die Zubereitung eines Eis demonstrieren. Tischmanieren will der Schuldirektor persönlich beibringen. Dafür will er nach und nach jeden Zögling zu sich nach Hause einladen. „Jeder Schüler bekommt eine schriftliche Einladung, auf die er auch schriftlich antworten muss – nicht per E-Mail, SMS oder Telefon", betont Cairns.

(SPIEGEL ONLINE, 10. Januar 2008, www.spiegel.de, eingesehen am 4. 10. 2011)

6 Schreibe auf der Grundlage deiner Markierungen eine Zusammenfassung (Exzerpt) des Textes.

Benutze die Kernwörter und formuliere das Exzerpt so knapp wie möglich mit eigenen Worten in deinem Heft. Denke daran, dass es auf einen Spickzettel passen soll.

2.3 Zeitungsberichte verstehen

TIPPS UND INFOS Schlüsselwörter und Sinnabschnitte

Zeitungstexte sind besondere **Sachtexte.** Sie **informieren** über aktuelle Ereignisse. Der Bericht versucht, Fakten möglichst unvoreingenommen und unparteiisch darzustellen. Folgendermaßen kannst du dir den Inhalt und den Aufbau eines Berichts erschließen:

- Lies den Text zunächst und unterstreiche unbekannte Begriffe oder Wörter. Kläre sie mithilfe des Wörterbuchs oder Lexikons.
- Unterstreiche die **Schlüsselwörter** des Textes.
- Gliedere den Text in **Sinnabschnitte.**
- Finde zu jedem Sinnabschnitt eine passende Überschrift.
- Fasse die Textstruktur in einem Schaubild zusammen.

1 Lies den folgenden Zeitungsbericht.

Unterstreiche unbekannte Begriffe und Wörter.

Walkampf in der Antarktis

Fangflotte nimmt Tierschützer fest, Australien vermittelt

MÜNCHEN – Die australische Regierung bemüht sich um die Freilassung von Tierschützern, die auf einem japanischen Walfangschiff in der Antarktis festgehalten werden. Der australische Außenminister Stephen Smith teilte am Donnerstag mit, dass das Zollschiff Oceanic Viking die beiden Aktivisten der Organisation Sea-Shepherd aufnehmen solle.
Die beiden Männer waren am Dienstag an Bord des japanischen Harpunenbootes Yushin Maru II gegangen, um eine Petition gegen den Walfang zu übergeben. Die Besatzung bezichtigte die beiden der Piraterie und warf ihnen vor, illegal auf das Schiff gelangt zu sein. Der 28-jährige Australier Benjamin Potts und der 35-jährige Brite Giles Lanesie wurden festgenommen.
Nachdem der australische Außenminister am Mittwoch die Freilassung der beiden gefordert hatte, erklärte die japanische Fischereibehörde, dass die Aktivisten mit Schlauchbooten abgeholt werden könnten. Nach Angaben von Sea-Shepherd sei die Übergabe aber an Bedingungen geknüpft gewesen. Die Aktivisten sollten ihre Proteste einstellen und die japanische Walfangflotte nicht mehr filmen oder fotografieren. Zudem sei die Fahrt mit Schlauchbooten über die eisige See zu gefährlich, sagte der Kapitän des Sea-Shepherd-Schiffes, Paul Watson. Er bezeichnete die Japaner seinerseits als Piraten und warf ihnen vor, die beiden Aktivisten als Geiseln gefangen zu halten. Japan bat daraufhin die australische Regierung um Hilfe. „Es hat sich gezeigt, dass es unmöglich ist, die beiden Eindring-

linge direkt an Sea-Shepherd zu übergeben", sagte ein Sprecher der Fischereibehörde in Tokio.

Die japanische Walfangflotte besteht aus drei Fangschiffen, einem Fabrikschiff und zwei Aufklärern. Sie war im November ausgelaufen, um trotz des internationalen Verbots in den antarktischen Gewässern bis zu tausend Tiere zu fangen. Die japanische Walfangkommission spricht von einer wissenschaftlichen Mission, Gegner prangern dagegen an, dass das Fleisch der Wale nachher auf Japans Fischmärkten landet.

Sea-Shepherd feiert den Einsatz in der Antarktis als Erfolg. Seit dem 11. Januar sei kein Wal mehr gefangen worden, heißt es auf der Internetseite der Organisation. „Unsere Aufgabe ist es nun, dafür zu sorgen, dass das noch zwei und dann drei Wochen so weitergeht." Die Verzögerung der Übergabe könnte dabei durchaus helfen. Die Umweltschutzorganisation Greenpeace, die der Walfangflotte ebenfalls mit einem Schiff folgt, distanzierte sich von den Aktionen der Sea-Shepherd. „Unserer Ansicht nach überschreitet Sea-Shepherd die Grenze zur Gewalt", sagte Meeresbiologe Thilo Maack der *Süddeutschen Zeitung.*

Greenpeace versucht, den Walfang zu stören, indem Aktivisten mit Schiffen zwischen die Wale und die Harpunen der Fänger fahren. Aktionen, die als illegal oder gewalttätig ausgelegt werden könnten, müssten vermieden werden, sagte Maack.

(Katia Meyer-Tien, Süddeutsche Zeitung vom 18.1.2008)

2 Kläre die unbekannten Begriffe mithilfe des Lexikons oder eines Wörterbuches und schreibe sie neben den Text.

Erläutere auch die Bedeutung der folgenden Begriffe.

Petition:

Aktivist:

3 Unterstreiche die Schlüsselwörter im Zeitungsbericht.

4 Teile den Bericht in Sinnabschnitte ein.

Finde zu jedem Sinnabschnitt eine Überschrift und schreibe sie an den Rand.

TIPPS UND INFOS **Flussdiagramm erstellen**

Mit einem Flussdiagramm kann man Abläufe und Handlungen, die in einem Text beschrieben werden, bildlich darstellen und sie sich dadurch besser erschließen. Die Stationen eines Ablaufs werden in Stichwörtern von oben nach unten notiert und durch Pfeile verbunden.

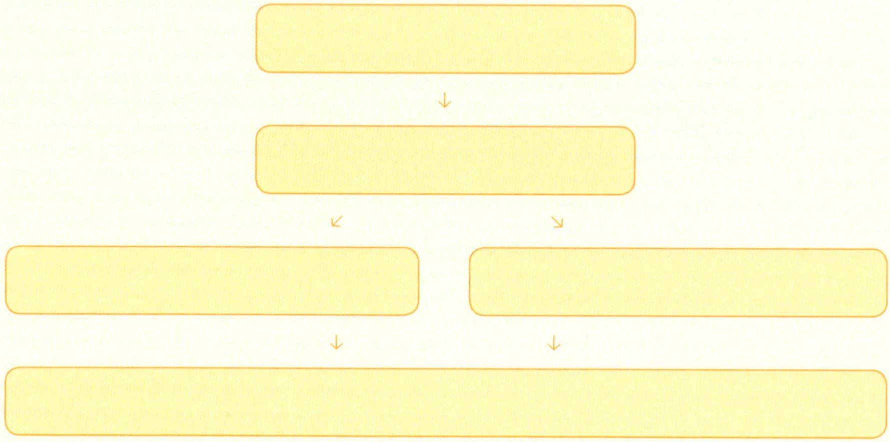

5 **Erstelle ein Flussdiagramm zu dem Zeitungsbericht in deinem Heft.**

Ergänze dazu deine Schlüsselwörter. Die folgende Skizze hilft dir.

Ausgangssituation + rechtliche Lage:

↓ ↓ ↓

Verhalten der Japaner:	Verhalten der Sea-Shepherd-Aktivisten:	Verhalten von Greenpeace:
↓	↓	↓
Ziele:	Ziele:	Ziele:
↘	↓	↙

Lösungsmöglichkeit für den Konflikt:

6 **Schreibe mithilfe des Flussdiagramms eine Inhaltsangabe.**

Achte beim Schreiben auf kurze, knappe Formulierungen, den Einleitungssatz, den Handlungsverlauf und die richtige Erzählzeit (in der Gegenwart das Präsens, bei Vorzeitigkeit das Perfekt).

7 **Beantworte abschließend folgende Fragen zum Text.**

1. Welche Meinung vertrat die Besatzung des japanischen Harpunenschiffes gegenüber den beiden Umweltaktivisten?

2. Wie bewertete die Umweltorganisation Sea-Shepherd den Einsatz in der Antarktis?

3. Welche Meinung vertrat demgegenüber Greenpeace?

4. Wie schätzt du die Überschrift des Zeitungsartikels ein?

2.4 Diagramme verstehen

TIPPS UND INFOS **Diagramme richtig lesen**

Bildhafte Darstellungen von Sachverhalten oder Entwicklungen in Form von **Diagrammen** sind in Zeitungen oder in Fernsehsendungen und im Internet üblich.

Tortendiagramm

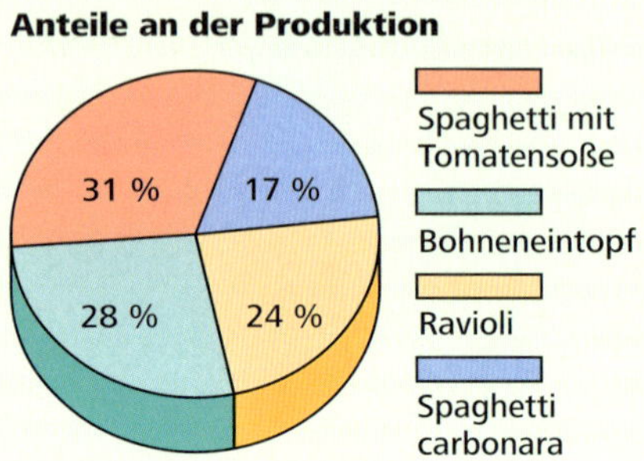

Säulendiagramm

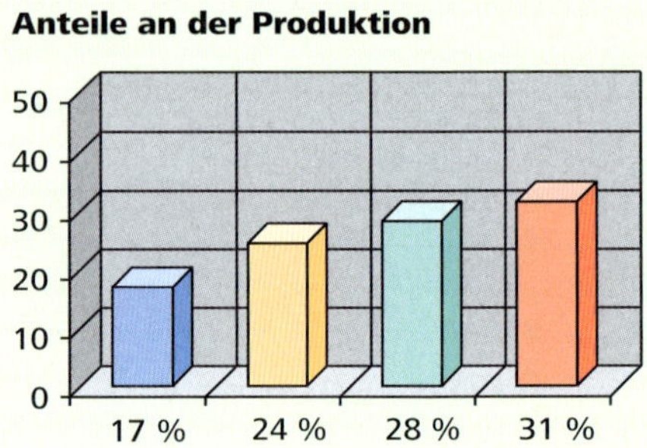

Um eine solche Darstellung zu verstehen und in einen zusammenhängenden Text zu übersetzen, muss man zunächst einige Überlegungen anstellen, denn sie weisen über die reinen Zahlen hinaus.

- Lies den **Titel** sorgfältig. Wozu macht das Diagramm eine Aussage? Für welche Zeit, welchen Bereich, wofür (Personen, Tiere, Ausgaben) gilt es?
- Lies alle **Erklärungen** zu dem Diagramm. Oft gibt es einen Begleittext oder eine Fußnote, in denen z. B. die Erhebungsmethode erläutert wird.

- Stelle fest, zu welchen Sachverhalten auf der **x- und y-Achse** Angaben gemacht werden.
- Prüfe bei **Zahlenangaben,** um welche Einheiten es sich handelt (z. B. absolute Zahlen oder Prozentzahlen).

Erst wenn du eine bildliche Darstellung von Daten und Fakten wirklich verstanden hast, kannst du beurteilen, welche Entwicklungen durch die Zahlen ausgedrückt werden, sie einordnen oder dazu Stellung nehmen.

BEISPIEL **Ein Diagramm auswerten**

Lebenshaltungskosten im September
Jahresveränderungsrate für Deutschland (Angaben in %)

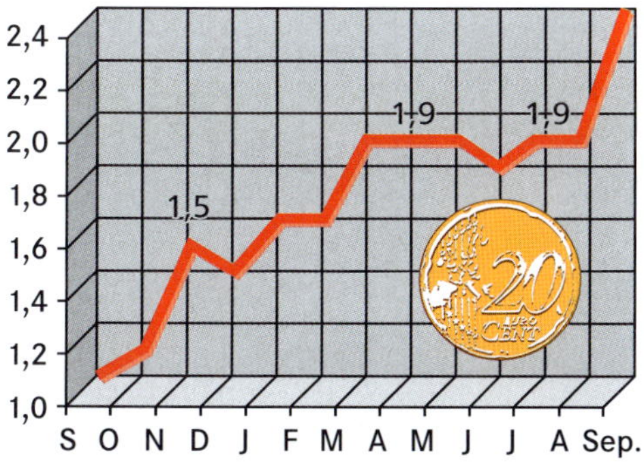

(Statistisches Bundesamt, Wiesbaden)

Die Zahlen beziehen sich auf den Zeitraum vom September 2006 bis zum September 2007.

Das Diagramm macht eine Aussage zu der Jahresveränderungsrate der Lebenshaltungskosten in Deutschland von September 2006 bis 2007. Auf der x-Achse sind die Monate von September 2006 bis September 2007 eingetragen, auf der y-Achse Prozentzahlen mit jeweils 0,2 %-Abständen.
Insgesamt stiegen die Kosten innerhalb eines Jahres um 1,4 % von 1 % auf 2,4 %.
Ein besonders hoher Anstieg von 0,9 % war von September 2006 bis März 2007 zu beobachten. Ab März bis August 2007 blieben die Lebenserhaltungskosten bei 1,9 %.
Von August zum September stiegen sie dann aufgrund der erhöhten Energie- und Lebensmittelpreise wieder um 0,5 % an.

1 Betrachte das Diagramm und beantworte folgende Fragen.

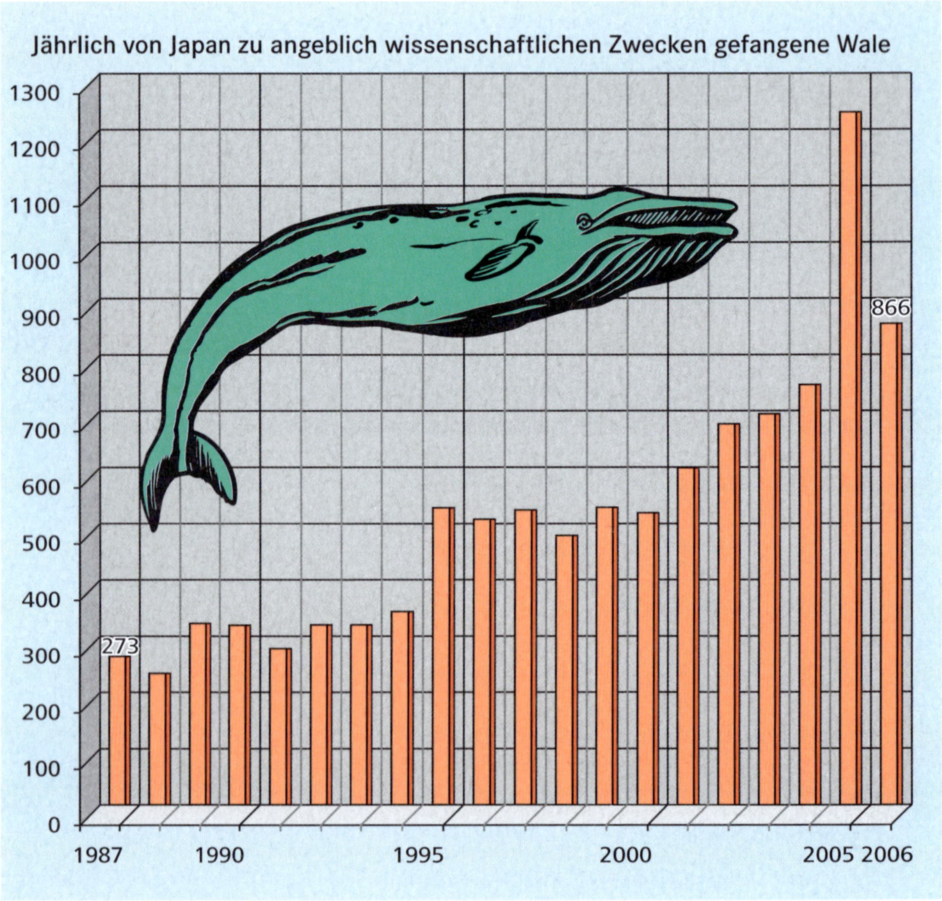

(Hinweis: Das Diagramm wurde mit dem Zeitungsbericht „Walkampf in der Antarktis“ von S. 42 bis 43 zusammen in der „Süddeutschen Zeitung“ abgedruckt.)

1. Wozu macht das Diagramm eine Aussage? Für welche Zeit, welchen Bereich, wofür (Personen, Tiere, Ausgaben) gilt es?

2. Zu welchen Sachverhalten werden auf der x- und y-Achse Angaben gemacht?

3. Welche Besonderheiten fallen dir an dem Diagramm auf?

2 **Schreibe einen zusammenhängenden Text zu dem Diagramm in dein Heft.**

Denke daran, auf alle schon erarbeiteten Punkte einzugehen.

2.5 Erzählende Texte verstehen

DAS MUSST DU WISSEN Erzählform und Erzählperspektive

Kennzeichnend für **erzählende Texte** ist, dass eine Geschichte von einem erfundenen **Erzähler** präsentiert wird, der nicht mit der Autorin oder dem Autor verwechselt werden darf.
Folgendermaßen kannst du dir eine Erzählung erschließen:

- In einer **Inhaltsangabe** kannst du dir die wesentlichen Aussagen des Textes bewusst machen.
- Um dir ein Bild vom Erzähler im Text zu machen, kannst du die **Erzählform** feststellen: Die Geschichte kann in der Er-/Sie-Form oder Ichform geschrieben sein. Auch die **Erzählperspektive** ist wichtig. Ein **auktorialer (allwissender) Erzähler** überschaut und kommentiert die Handlung, er kennt die Gedanken der Figuren und leitet den Leser mehr oder weniger sanft mithilfe von Vorausdeutungen, Urteilen über Personen oder direkten Ansprachen. Ein **personaler Erzähler** erzählt aus der Sicht der Figuren. Manchmal kommen in einer Geschichte verschiedene Erzählformen und Erzählperspektiven vor.
- Bei einer **Figurenbeschreibung** (S. 51) betrachtest du eine Figur möglichst genau, um deren Bedeutung für die Erzählung zu verstehen und aufzuzeigen.

1 **Lies den folgenden Text.**

Unterstreiche zunächst unbekannte Begriffe und kläre sie.

Nachts im Museum

Die Turmuhr schlug 5 vor 12. Sam, der Nachtwächter, löschte die letzten Lampen, ging in die Kunstausstellung, schaltete den Alarm ein, verriegelte letzte Bilder hinter Sicherheitsgläsern und sah auf das Bild der Ahnfrau.
Die Ahnfrau im langen weißen Gewand auf der linken Seite des Bildes, die helle Wohngarnitur und rechts im Bild die entsetzte Bertha bei ihrer Gesangsstunde.
Die Turmuhr schlug 12, hinter ihm knallte eine Tür aufgrund eines Luftzugs.
Er zuckte zusammen und sah sich um. Als er wieder zu dem Bild der Ahnfrau blickte, stockte ihm der Atem. Hinter Bertha, rechts unten im Bild, hockte eine schwarze Gestalt. Diese war eben doch noch nicht da gewesen. Er rieb sich die Augen, schloss sie für einen Moment und öffnete sie wieder. Die Gestalt war immer noch da, doch hatte sie nicht eben noch gesessen? Jetzt stand sie wahrhaftig da. Er fasste sich an die Stirn. Nein, Fieber hatte er nicht.
Mit zitternden Händen kramte er nach seinem Schlüsselbund. Er verriegelte alle Fenster und Türen, blickte sich um, sah nichts, ging in den nächsten Raum, tat dort dasselbe, ging in die Eingangshalle, setzte sich und öffnete eine Flasche Wasser. Dabei fiel ihm unbemerkt der Schlüsselbund aus der Tasche. Er dachte an zu Hause und nahm deshalb den Telefonhörer in die Hand und wählte die Nummer. Nichts passierte. Vermutlich ist die Sicherung mal wieder rausgesprungen, sagte er sich.
Er probierte, den Lichtschalter zu betätigen, doch nichts geschah. Unter dem Empfangstresen suchte er nach einer Kerze und einem Feuerzeug. Nach kurzem Suchen hatte er beides gefunden. Doch dann, plötzlich, hörte er einen Knall. Er erschrak und ließ die Kerze fallen. Nun war alles in Dunkel gehüllt. Ungewöhnlicherweise fiel aus einem Türspalt ein Lichtstreifen auf den Boden. Vorsichtig, mit den Händen vorantastend, bewegte er sich auf die Tür zu. Sein Herz klopfte laut. Er hielt die Luft an und schon war er in dem Raum hinter der Tür.
Doch was war das? Er blickte geradewegs auf eine Frau mit weißem Gewand und starr-toten Augen. Sie schwebte in der Luft. Vor sich sah er eine jüngere Frau mit Noten in der Hand, die erstarrt auf die andere Frau blickte. Plötzlich wurde ihm übel. Er sah an sich herunter, er trug schwarze, mit Ruß gefärbte Kleidung. Auf dem Steinboden lag eine Glasscherbe. Er blickte hinein. Und was er da sah, war ein so grauenvolles unmenschliches Gesicht, dass er nichts anderes tun konnte, als zu schreien.

2 Untersuche, in welcher Erzählform die Geschichte geschrieben ist.

Die Geschichte kann in der Er-/Sie-Form oder Ichform geschrieben sein. Unterstreiche eine Textstelle als Beleg und führe hier die Zeilen an.

Die Geschichte ist in der ________________ geschrieben.

Textstelle: ________________

3 Kläre die Erzählperspektive.

Unterstreiche eine Textstelle, die belegt, ob du es mit einem auktorialen (allwissenden) Erzähler zu tun hast, der in den Erzählvorgang eingreift, oder mit einem Erzähler, der aus der Sicht einer Person erzählt.

Es handelt sich in der Geschichte um einen ________________

________________.

Textstelle: ________________

4 Schreibe eine Inhaltsangabe zu der Geschichte „Nachts im Museum“.

1. Unterstreiche mit Bleistift wichtige Aussagen. Hebe dann mit Textmarker Kernbegriffe hervor.
2. Schreibe wichtige Schlüsselbegriffe an den Rand.
3. Orientiere dich beim Schreiben an deinen Stichpunkten und Unterstreichungen. Achte auf kurze, knappe Formulierungen, den Einleitungssatz, den Handlungsverlauf und die richtige Erzählzeit (in der Gegenwart das Präsens, bei Vorzeitigkeit das Perfekt).

DAS MUSST DU WISSEN **Figurenbeschreibung (Charakterisierung)**

In einer Figurenbeschreibung (Charakterisierung) wird eine Figur einer Erzählung in ihrer gesamten **Persönlichkeit** dargestellt und beurteilt, um deren Bedeutung zu verstehen und aufzuzeigen. Dabei sind folgende Aspekte wichtig.

- **Äußeres Erscheinungsbild:** Kleidung, Körperhaltung, besondere Merkmale.
- **Lebensumstände:** gesellschaftliche Stellung, Familienverhältnis, Beruf.
- **Eigenschaften und Verhalten:** Gefühle, Gedanken, Einstellung, Vorlieben, Verhältnis zu Mitmenschen, Verhalten in besonderen Situationen, innere Entwicklung.

Vergiss nicht

- im Präsens zu schreiben,
- Textstellen als Beleg anzugeben und
- die Figur zum Schluss zu beurteilen.

5 Lies den folgenden Textausschnitt.

Unterstreiche zunächst unbekannte Begriffe und kläre sie.

Mahlke war einziges Kind zu Hause.

Mahlke war Halbwaise.

Mahlkes Vater lebte nicht mehr.

Mahlke trug im Winter wie im Sommer altmodische hohe Schuhe, die er von seinem Vater geerbt haben mochte.

An einem Schnürsenkel für hohe schwarze Schuhe trug Mahlke den Schraubenzieher am Hals.

Jetzt erst fällt mir ein, daß Mahlke außer dem Schraubenzieher noch etwas und aus Gründen am Hals trug; aber der Schraubenzieher war auffälliger.

Wahrscheinlich immer schon, doch wir hatten nie darauf geachtet, sicher vom Tage an, da Mahlke in der Badeanstalt das Trockenschwimmen erlernte und im Seesand Figuren strampeln mußte, trug er am Hals ein silbernes Kettchen, dem etwas silbern Katholisches anhing: die Jungfrau.

Nie, auch während der Turnstunde nicht, nahm sich Mahlke den Anhänger vom Hals; denn kaum hatte er in der winterlichen Schwimmhalle Niederstadt mit dem Trockenschwimmen und Schwimmen an der Angel begonnen, trat er auch in unserer Turnhalle auf und zeigte nie mehr ein Attest irgendeines Familienarztes vor. Entweder verschwand der Anhänger im Ausschnitt des Turnhemdes, oder die silberne Jungfrau lag knapp überm roten Bruststreifen auf weißem Turnhemdstoff.

Mahlke schwitzte auch am Barren nicht. Selbst Übungen am Langpferd, bei denen nur noch die drei oder vier Besten der ersten Riege mitmachten, ließ er nicht aus, sondern segelte krumm und grobknochig vom Federsprungbrett übers lange Leder, landete mit Kettchen und verrutschter Jungfrau schief auf der Matte und ließ Staub aufwölken. Wenn er am Reck Kniewellen machte - später gelang es ihm, in mieser Haltung zwei Kniewellen mehr zu drehen, als Hotten Sonntag, unser bester Turner, schaffte – wenn Mahlke also seine siebenunddreißig Kniewellen würgte, zog es ihm den Anhänger aus dem Turnhemd, und das Silberding wurde siebenunddreißigmal, immer seinen mittelbraunen Haaren voraus, um die knirschende Reckstange geschleudert, ohne vom Hals loskommen und Freiheit gewinnen zu können, denn Mahlke hatte außer der bremsenden Gurgel jenen ausladenden Hinterkopf, der mit Haaransatz und deutlichem Knick dem rutschenden, durch Kniewellen entfesselten Kettchen Halt bot.

*(aus: Günter Grass: Katz und Maus © Steidl Verlag, Göttingen 1993. Erstausgabe: September 1961)**

6 Untersuche den Textausschnitt.

1. Unterstreiche Textstellen zur Person Mahlke. Achte auf das äußere Erscheinungsbild (Kleidung, Körperhaltung, besondere Merkmale), Lebensumstände (gesellschaftliche Stellung, Familienverhältnis, Beruf) sowie Eigenschaften und Verhalten.
2. Schreibe Stichpunkte in deinem Heft auf.

7 Zeichne eine Mindmap in dein Heft. Ergänze deine Stichwörter.

Folgende Skizze hilft dir dabei.

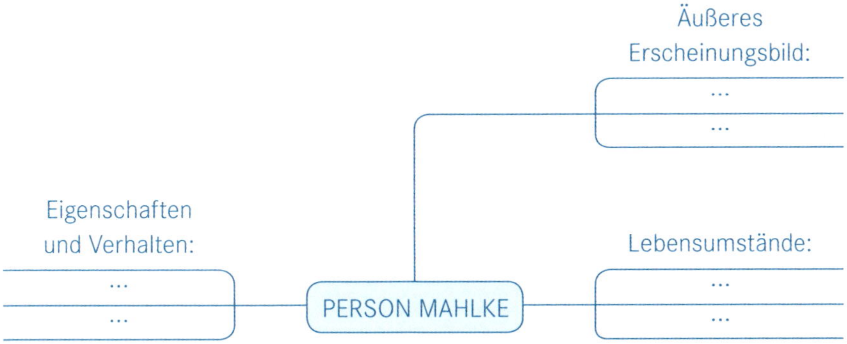

8 Schreibe eine Charakterisierung zu der Person Mahlke.

Verwende die Mindmap als Grundlage. Vergiss nicht,

1. im Präsens zu schreiben,
2. Textstellen als Beleg anzugeben und
3. die Figur zum Schluss zu beurteilen.

Test

1 Wo findest du die gesuchten Informationen? Ergänze die Tabelle.

Du suchst	Hier wirst du fündig
Erste Informationen zum Thema „Klimawandel“	
Informationen zu Autoren, z. B. über das Leben Max Frischs	
Informationen zu aktuellen Ereignissen, z. B. Überfischung der Weltmeere	

2 Schreibe auf, welche drei Schritte du beim Markieren beachten solltest:

3 Lies den Text und bearbeite ihn durch Markieren.

Der folgende Text ist ein Auszug aus einem Interview mit einem Fachmann:

In manchen Gebieten wurde in den letzten Jahrzehnten so viel gefischt, dass etliche Bestände fast zusammengebrochen sind. In der Nordsee gibt es z.B. bei der Seezunge, beim Seeteufel und besonders beim Kabeljau erhebliche Probleme. Der Kaiser-Granat in der Biskaya ist eine weitere Art, die zu stark befischt wurde. Der Zustand der Fischbestände ist alarmierend, das ist überhaupt keine Frage. Der Fischereidruck der Schiffe der Europäischen Union ist zu groß gewesen, unter anderem deshalb, weil es zu viele Fangschiffe gibt. [...]

Die Fischer der EU sägen sich selbst den Ast ab, auf dem sie sitzen, wenn sie weiter wie bisher überfischen. Wenn es in Zukunft keine Fische mehr gäbe, wären auch die Fischer arbeitslos. Wir wollen daher die Flotte der Europäischen Union den Fischbeständen anpassen. [...] EU-Mittel und nationale Gelder müssen in Zukunft so eingesetzt werden, dass die Fischerei nachhaltig wird.

(Quelle: http://www.wissenschaft.de/wissenschaft/hintergrund/173201, Abruf: 4. 10. 2011)

4 **Schreibe auf der Basis deiner Markierungen ein Exzerpt in dein Heft. Denke daran, dass es auf einen Spickzettel passen soll.**

5 **Betrachte das Diagramm und beantworte die folgenden Fragen.**

Die Wahlergebnisse der Landtagswahl in Niedersachsen vom Januar 2008

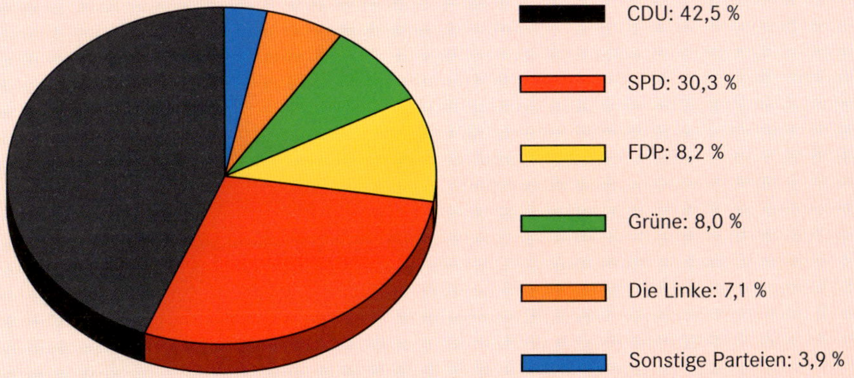

1. Um welche Art von Diagramm handelt es sich?

2. Wozu macht das Diagramm eine Aussage?

3. Für welchen Zeitpunkt gilt es?

6 **Schreibe einen zusammenhängenden Text zu dem Diagramm in dein Heft.**

7 **Lies den folgenden Textausschnitt. Unterstreiche Stellen, die zeigen, in welcher Erzählform er geschrieben ist.**

Tullas Gesicht wäre mit einer Punkt Komma Strich Zeichnung wiederzugeben. Eigentlich hätte sie Schwimmhäute zwischen den Zehen haben müssen, so leicht lag sie im Wasser. Immer, auch auf dem Kahn, trotz Seetang, Möwen und säuerlichem Rost, stank sie nach Tischlerleim, weil ihr Vater in der Tischlerei ihres Onkels mit Leim zu tun hatte. Sie bestand aus Haut, Knochen und Neugierde.

(aus: Günter Grass: Katz und Maus © Steidl Verlag, Göttingen 1993, Erstausgabe: September 1961)

8 **In welcher Erzählform ist der Text verfasst?**

3 Sprache kennenlernen

Das musst du am Ende der Klasse 7 können:

- ▷ Aktiv- und Passivformen sicher anwenden
- ▷ Verschiedene Formen des Konjunktivs gezielt einsetzen
- ▷ Ursachen und Auswirkungen von Wortwahl- und Formulierungsmöglichkeiten begreifen
- ▷ Konnotationen und Metaphern verstehen und erklären
- ▷ Haupt- und Nebensätze voneinander unterscheiden
- ▷ Verschiedene Nebensatzformen kennen und einordnen
- ▷ Attribute und Adverbiale in Nebensätze umwandeln und umgekehrt

3.1 Aktiv und Passiv

DAS MUSST DU WISSEN

Aktiv und **Passiv** drücken eine unterschiedliche Blickrichtung aus:

- Bei Sätzen im Aktiv erscheinen die Handlungsträger als Subjekt.
- Bei Sätzen im Passiv geschieht etwas mit dem Subjekt des Satzes. Der Handlungsträger kann in Form einer Präpositionalgruppe genannt werden.

Die Jungen schrieben eifrig E-Mails.

Subjekt

E-Mails wurden von den Jungen geschrieben.

Subjekt

Die Passivform hat gegenüber dem Aktiv einige Vorteile:

- Die Sichtweise des Lesers wird von einem aktiven, tätigen Subjekt weg zu einer Handlung oder Aktion gelenkt. Diese Handlung oder Aktion gerät in den Mittelpunkt der Aufmerksamkeit.

Auch das „neue Subjekt" des Passivsatzes bekommt eine höhere Bedeutung:

- Der von einer Handlung betroffenen Person oder Sache wird eine höhere Aufmerksamkeit geschenkt, der aktiv Handelnde dagegen gerät in den Hintergrund und kann auch ganz wegfallen **(täterloses Passiv)**.

1 Unterstreiche in dem folgenden Text die Verbformen.

Verwende für die Aktiv- und Passivformen unterschiedliche Farben. Schließe auch die Präpositionalgruppen beim Passiv mit ein.

Vor einem Jahr bin ich dem Tischtennisverein beigetreten. Ich wollte mein Spiel verbessern. Ich wurde sofort von einem älteren Spieler unterstützt. Er hat mich intensiv trainiert. Beim ersten Auswärtsturnier wurde ich von ihm im Auto mitgenommen. Leider bin ich gleich in der ersten Runde ausgeschieden. Trotzdem hat er mich gelobt, weil ich nicht gleich aufgegeben habe. Das Training wurde einige Wochen später umgestellt. Seitdem legen wir mehr Wert auf gute Kondition. Von Herrn Schröder, unserem Trainer, wurde ich gestern gerade gelobt, weil sich meine Ausdauer stark verbessert hat. Wir haben im Sommer ein richtiges Trainingslager abgehalten. Dort wurde jeden Tag kräftig Kondition und Spieltaktik eingeübt. Dieses Training hat sich bezahlt gemacht. Im letzten Punktspiel sind wir von keinem Gegner geschlagen worden. Das letzte Mal wurde ich von dem Vereinsmeister der benachbarten Landeshauptstadt geschlagen, aber unseren eigenen Meister habe ich schon zwei Mal besiegt.

2 **Ergänze die fehlenden Verbformen in der Tabelle.**

Personalform	Präsens	Perfekt	Präteritum	Plusquamperfekt	Futur I
1. Person Singular	ich werde ermahnt	ich bin ermahnt worden	ich wurde ermahnt	ich war ermahnt worden	ich werde ermahnt werden
2. Person Singular	du wirst ermahnt	du bist ermahnt worden	du wurdest ermahnt	du warst ermahnt worden	du wirst ermahnt werden
3. Person Singular	er wird ermahnt	er ist ermahnt worden	er wurde ermahnt	er war ermahnt worden	er wird ermahnt werden
1. Person Plural	wir werden ermahnt	wir sind ermahnt worden			
2. Person Plural					ihr werdet ermahnt werden
3. Person Plural			sie wurden ermahnt		

DAS MUSST DU WISSEN Transitive und intransitive Verben

Verben, bei denen ein Akkusativobjekt bei der Umwandlung ins Passiv zum Subjekt wird, nennt man **transitive Verben.**

Tim **rührt** den Kuchenteig schaumig. – Der Kuchenteig **wird** schaumig **gerührt**.

Akkusativobjekt Subjekt

Alle anderen Verben sind **intransitive Verben.**

Die Mutter **dankt** Tim.

3 Entscheide, ob die rot gedruckten Verben intransitive oder transitive Verben sind.

Unterstreiche die transitiven Verben und schreibe sie an den Rand.

Um mein Spiel zu verbessern, habe ich mir einen neuen Tischtennisschläger gekauft. Der Verkäufer in dem Sportgeschäft hat zwei verschiedene Beläge auf die beiden Schlägerseiten geklebt.
Mit der schwarzen Seite pariere ich die Angriffe des Gegenspielers. Die rote Seite dient meinen eigenen Angriffsversuchen. Beim letzten Punktspiel bestand unsere Mannschaft aus fünf Spielern. Drei schlugen ihre Gegner, zwei verloren ihre Spiele. Der Trainer empfiehlt uns allen, die Gegner nicht zu unterschätzen. Er hat mir mit dieser Warnung schon öfter geholfen. Ich bereite jedes Spiel sorgfältig vor, denn man sollte die Stärken und Schwächen seines Gegenspielers schon vorher genau kennen. Nächstes Jahr werde ich die Vereinsmeisterschaft anstreben, aber das klappt nur, wenn ich mit meinem Trainer kräftig übe. Den Vereinspokal habe ich mir schon einmal heimlich genau angesehen.

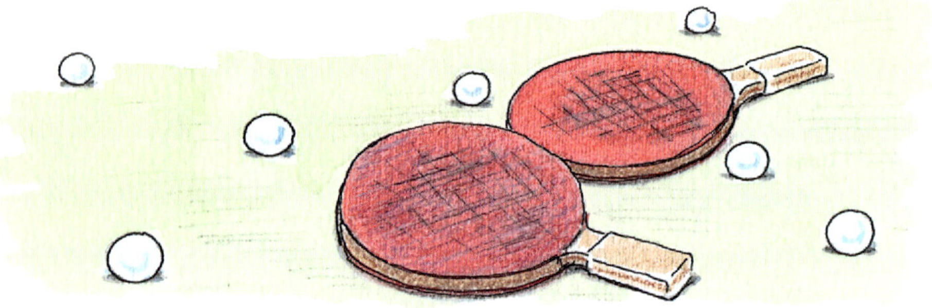

4 **Wandle die Sätze mit transitiven Verben ins Passiv um.**

Schreibe in dein Heft.

DAS MUSST DU WISSEN Vorgangs- und Zustandspassiv

Man kann das Passiv mit den Hilfsverben „werden“ oder „sein“ bilden:
- Bildet man das Passiv mit „werden“, handelt es sich um das **Vorgangspassiv.** Der Schwerpunkt liegt auf dem Ablauf des Geschehens.
- Bildet man das Passiv mit „sein“, ist der bereits erreichte Zustand gemeint. Man spricht daher auch von **Zustandspassiv.** Dieses bildet man nur im Präsens und Präteritum.

BEISPIEL

Aktiv:
Der Besitzer schließt das Geschäft.

Subjekt Objekt

Vorgangspassiv (der Vorgang findet gerade statt):
Das Geschäft wird (von dem Besitzer) geschlossen.

Subjekt präpositionales Objekt

Zustandpassiv (der Vorgang ist abgeschlossen):
Das Geschäft ist geschlossen.

5 **Forme die Sätze ins Passiv um. Schreibe in dein Heft.**

Beachte, dass bei manchen Sätzen sowohl das Vorgangs- als auch das Zustandspassiv möglich ist.

1. Fritz bastelte ein Modellschiff aus Papier.
2. Ein freundlicher Polizist hat dem Autofahrer den Weg erklärt.
3. Finn zieht Hanna, die im Rollstuhl sitzen muss.
4. Morgen wird unser Lehrer dem besten Aufsatzschreiber einen Preis verleihen.
5. Der Schiedsrichter hatte den Spielern die Spielregeln zu Spielbeginn erklärt.
6. Sebastian wird seinem Freund nächste Woche ein Geburtstagsgeschenk bringen.
7. Du löst das Kreuzworträtsel in Rekordzeit.
8. Beim Waldspaziergang hat unser Hund das Halsband verloren.
9. Janina und Niels stürzten die eiskalte Cola mit einem Schluck herunter.
10. Ihr vier Jungs tragt das Tor vorsichtig zurück.

DAS MUSST DU WISSEN **Täterloses Passiv**

Wenn der Täter unbekannt ist, nicht genannt werden soll oder beliebig austauschbar ist, benutzt man das **täterlose Passiv.** Man streicht das präpositionale Objekt einfach aus dem Satz.
Wenn z. B. Mark, Leon und Georg auf dem Schulhof trotz Verbot Fußball gespielt und dabei eine Scheibe eingeworfen haben, können alle beim hochnotpeinlichen Verhör durch den Direktor sagen: *„Die Scheibe wurde eingeworfen!"* Auf diese Weise bleibt unklar, ob Mark, Leon oder Georg der Schuldige ist.

6 Forme die Sätze ins täterlose Passiv um.

Streiche aus den Sätzen jeweils die „Täter" und bilde dann Sätze mit dem täterlosen Passiv. Schreibe in dein Heft.

1. Viele Spieler halten den Tischtennisschläger zwischen dem Daumen und dem Zeigefinger.
2. Experten nennen dieses den „Penholder-Stil".
3. Profis schneiden den Ball häufig an, sodass er eine Drehung bekommt.
4. Der Ball berührt manchmal die Netzoberkante.
5. Das Publikum klatscht laut, um die Spieler zu unterstützen.
6. In manchen Hallen blenden die grellen Lampen oft die Spieler.
7. In anderen Hallen dagegen sorgt meist der Hausmeister für eine einwandfreie Beleuchtung.
8. Manche Spieler sprechen den Gegner lautstark an, um ihn zu verwirren.
9. Dieses unfaire Verhalten unterbindet dann der Schiedsrichter.
10. Nach dem Turnier feiern die Fans die Sieger.
11. Zur Rückfahrt benutzen Spieler und Fans den gleichen Zug.
12. Im Zug bitten die Fans die Spieler um Autogramme.

3.2 Konjunktiv

DAS MUSST DU WISSEN **Indirekte Rede**

Wenn ein anderer etwas sagt und du möchtest seine Aussage wiedergeben, hast du zwei Möglichkeiten:

- Du verwendest die wörtliche Rede.
- Du benutzt für die nicht wörtliche Wiedergabe die indirekte Rede.

Beachte Folgendes bei der **indirekten Rede:**

- Die Verben stehen meist im **Konjunktiv I** (Modus der Möglichkeit), unabhängig davon, in welcher Zeit der Hauptsatz steht.
- Wenn man im Einleitungssatz ausdrücklich darauf hinweist, dass es sich um die Wiedergabe der Aussage eines anderen Sprechers handelt, kann man auch den Indikativ (Modus der Wirklichkeit) wählen.
- Die indirekte Rede befindet sich immer in einem untergeordneten Gliedsatz, man kann sie entweder mit der Konjunktion „dass“ einleiten oder als verkürzten Gliedsatz ohne Konjunktion formulieren.
- Bei der indirekten Rede ändern sich die Pronomen im Satz: Aus „ich“ wird „er“ oder „sie“; aus „wir“ wird „sie“, z. B.: *Ich sehe. – Sie sagt, sie sehe.*

BEISPIEL

Direkte Rede:
Johannes versichert: „Sie liest das Buch weiter.“

Indirekte Rede:
Johannes versichert, dass sie das Buch weiterlese.

Die Zeit des Hauptsatzes spielt keine Rolle. Also ist auch der folgende Satz richtig:
Johannes hatte letztes Jahr wiederholt versichert, dass sie das Buch weiterlese.

Möglich und gebräuchlich ist auch die Form mit einem verkürzten Nebensatz:
Johannes versichert, sie lese das Buch weiter.

1 Forme die folgenden Äußerungen in indirekte Rede mit Konjunktiv um. Schreibe in dein Heft.

1. Peter sagte im März: „Schalke 04 steigt niemals ab.“
2. Heute steht in der Zeitung: „Schalke 04 steckt momentan in einem Leistungstief, daran ändert auch das langwierige Training nichts.“
3. Der Trainer äußerte anschließend den Wunsch: „Ich muss im nächsten Jahr erfolgreicher sein.“
4. Schon vor fünf Jahren hat mir mein Vater erklärt: „Ich mag überhaupt keinen Sport.“
5. Da sagte ich zu ihm: „Da entgeht dir aber einiges.“
6. Er antwortete mir: „Ich interessiere mich eben für andere Dinge.“

DAS MUSST DU WISSEN **Bildung und Verwendung des Konjunktivs**

Der **Konjunktiv I** wird vom **Präsensstamm** gebildet. Er wird auch „Potenzialis" genannt, weil er Möglichkeiten aufzeigt.

Infinitiv	**Indikativ Präsens**	**Konjunktiv I**
kommen	er kommt	(sie sagt,) er komme
träumen	sie träumt	(sie sagt,) sie träume

Der **Konjunktiv II** wird vom **Präteritumsstamm des Verbs** gebildet. Er wird auch „Irrealis" genannt, weil er einen unwirklichen, nicht realisierbaren Wunsch oder etwas Vorgestelltes oder Erdachtes benennt.

Infinitiv	**Indikativ Präteritum**	**Konjunktiv II**
kommen	sie kam	(sie sagte,) sie käme
tragen	sie trugen	(sie sagten,) sie trügen

Ausnahmeregel: Wenn in einem Satz eigentlich der Konjunktiv I verlangt ist, seine Form aber identisch mit der des Indikativs ist, muss man ersatzweise den Konjunktiv II nehmen!

Beispiel: *Sie sagte, sie **trügen** bunte Pullover.*

2 **Forme die folgenden Äußerungen in indirekte Rede mit dem passenden Konjunktiv um.**

Achte darauf, den Konjunktiv II nur zu verwenden, wenn der Konjunktiv I nicht vom Indikativ Präsens zu unterscheiden ist.

Indikativ Präsens	Konjunktiv I (bzw. II)
Sie sagt: „Ich komme."	
Sie sagt: „Du kommst."	
Sie sagt: „Er kommt."	
Sie sagt: „Wir kommen."	
Sie sagt: „Ihr kommt."	
Sie sagt: „Sie kommen."	

Indikativ Perfekt	Konjunktiv I (bzw. II)
Sie sagt: „Ich habe gegessen."	
Sie sagt: „Du hast gegessen."	
Sie sagt: „Sie hat gegessen."	
Sie sagt: „Wir haben gegessen."	
Sie sagt: „Ihr habt gegessen."	
Sie sagt: „Sie haben gegessen."	

3 **Markiere die Zeilen in den Tabellen von Übung 2 farbig, bei denen du den Konjunktiv II gebrauchen musstest.**

4 **Forme die Sätze jeweils in indirekte Rede um.**

Denke daran, dass du den Konjunktiv II verwendest, wenn sich der Konjunktiv I nicht vom Indikativ Präsens unterscheidet.

1. Er erbt viel Geld. 2. Sie kommen morgen. 3. Ich habe dich nicht beleidigt. 4. Sie darf hierbleiben. 5. Er wird mir die Wahrheit sagen. 6. Er hört nicht zu. 7. Sie war hilfsbereit. 8. Er ist der beste Sportler seiner Schule. 9. Er wohnt wieder zu Hause. 10. Sie sind auch dort.

	Indirekte Rede (Konjunktiv I bzw. Konjunktiv II)
	Er behauptet, ...
1.	
2.	
3.	
4.	
5.	
6.	
7.	
8.	
9.	
10.	

DAS MUSST DU WISSEN **Konjunktivumschreibung mit „würde“**

Da bei einer ganzen Reihe von Verben der **Konjunktiv II** in manchen Formen nicht vom Indikativ Präteritum zu unterscheiden ist, gibt es noch eine dritte Möglichkeit, den Konjunktiv zu bilden: die Umschreibung mit „würde“. Du solltest diese Form aber nur in den genannten Ausnahmefällen benutzen.

Infinitiv	**Konjunktiv II wie Präteritum**	**Umschreibung mit „würde“**
träumen	sie träumte	(sie sagte,) sie würde träumen
hören	sie hörten	(sie sagten,) sie würden hören

5 **Forme jeweils in den Konjunktiv II um.**

Denke daran, dass du die Umschreibung mit „würde“ nur benutzt, wenn sich der Konjunktiv II nicht vom Indikativ Präteritum unterscheidet.

Indikativ Präteritum	Konjunktiv II (bzw. Umschreibung mit „würde“)
ich ging	
du träumtest	
er schwamm	
wir wünschten	
ihr sagtet	
sie gingen	
du liefst	
sie zweifelten	
ich glaubte	
ihr kamt	

6 **Forme die folgenden Sätze jeweils in indirekte Rede und den Konjunktiv II um.**

1. Denke daran, dass du den Konjunktiv II bei der indirekten Rede verwendest, wenn sich der Konjunktiv I nicht vom Indikativ Präsens unterscheidet.
2. Unterscheidet sich der Konjunktiv II nicht vom Indikativ Präteritum, verwende die Umschreibung mit „würde“.

1. Sie hat gut gesungen.
2. Ich habe Mut.
3. Wir kommen nicht.
4. Du kannst zusehen.
5. Er lernt ihn kennen.
6. Wir sind rechtzeitig gekommen.
7. Er will die Arbeit schaffen.
8. Sie hatten Glück.
9. Du bist mir behilflich.
10. Bald beginnt der Film.

	Indirekte Rede (Konjunktiv I bzw. Konjunktiv II)	Wunsch (Konjunktiv II bzw. Umschreibung mit „würde“)
	Er meint, ...	Ich wünsche mir, ...
1.		
2.		
3.		
4.		
5.		
6.		
7.		
8.		
9.		
10.		

3.3 Sprachvarianten untersuchen

DAS MUSST DU WISSEN Denotation und Konnotation

Die menschliche Sprache ist für uns im Wesentlichen ein Kommunikationsmittel, mit dem wir miteinander in Kontakt treten und uns „etwas sagen“ können. Dies funktioniert aber nur, weil die Wörter eine allgemein übliche, von allen anerkannte Hauptbedeutung haben. Neben dieser Bedeutung assoziieren aber die meisten Menschen ganz bestimmte Vorstellungen mit Wörtern, die ihre Entstehung in den persönlichen Erfahrungen jedes einzelnen Menschen haben.

- Die **Denotation** oder Hauptbedeutung eines Wortes meint die Sachbedeutung, die direkte, unmittelbare Bedeutung. Die Denotation ergibt sich aus der Übereinkunft innerhalb einer Sprachgemeinschaft. (Eselsbrücke: Denotation gleich Definition.)
- Die **Konnotation** meint Assoziationen, Erfahrungen oder Empfindungen, die der jeweilige Sprecher oder Hörer ungesagt mitmeint oder mitdenkt, wenn er bestimmte Wörter gebraucht bzw. hört.
  Konnotationen können sehr individuell und unterschiedlich sein und lassen sich im Regelfall auf einer Skala von „sehr negativ“ über „neutral“ bis „sehr positiv“ einordnen.

BEISPIEL

Die Wörter „Haus“ und „Heim“ haben in etwa die gleiche Denotation: Sie bezeichnen ein Bauwerk, in dem Menschen wohnen. Ihre Konnotation aber ist sehr verschieden: Das Wort „Haus“ erscheint den meisten sicherlich als ziemlich neutral, man verbindet mit ihm nicht viel mehr als das Bauwerk. Im Wort „Heim“ aber schwingen Zusatzbedeutungen mit: Geborgenheit, Sicherheit, Liebe – aber für jemanden, der z. B. in einem Heim aufgewachsen ist, vielleicht auch Eingesperrtsein, Strenge, Unterordnung usw.

Kein Befürworter der Kernenergie wird wohl jemals von etwas anderem als „Kernenergie“ sprechen, ein Atomkraftgegner dagegen wird dieses Wort niemals gebrauchen. Die Denotation beider Begriffe ist gleich: Energie, die aus der Spaltung von Uranatomen gewonnen wird. Die Konnotation von „Kern“ aber ist durchweg positiv, man assoziiert fast automatisch „kerngesund“, „kernig“ usw. Die Konnotation zu „Atom“ ist negativ: „Atombombe“, „Hiroshima“, „radioaktive Verseuchung“ usw.

1 **Schreibe in Stichworten die Denotation und Konnotation folgender Wörter auf.**

Begriff	Denotation	Konnotation
Spinne		
Nacht		
Kreuz		
Arbeitgeber		
plaudern		
diskutieren		
schlicht		
karg		
Buch		
Schwarte		

2 **Lies den Text.**

Ein **leidenschaftlicher und raschlebiger Sommer** war angebrochen.
Die heißen Tage, so lang sie waren, loderten weg wie brennende Fahnen, den kurzen **schwülen Mondnächten** folgten kurze **schwüle Regennächte,** wie Träume schnell und mit Bildern überfüllt **fieberten** die glänzenden **Wochen** dahin.
Klingsor stand nach Mitternacht [...] auf dem schmalen Steinbalkon seines Arbeitszimmers. Unter ihm **sank tief und schwindelnd** der alte Terrassengarten **hinab,** ein **tief durchschattetes Gewühl** dichter Baumwipfel, Palmen, Zedern, Kastanien, Judasbaum, Blutbuche, Eukalyptus, durchklettert von Schlingpflanzen, Lianen, Glyzinen. Über der Baumschwärze schimmerten **blaßspiegelnd die großen blechernen Blätter** der Sommermagnolien, riesige schneeweiße Blüten dazwischen halbgeschlossen, groß wie Menschenköpfe, bleich wie Mond und Elfenbein, von denen durchdringend und beschwingt ein **inniger Zitronengeruch** herüberkam. [...]
In den Geflügelhöfen schrie plötzlich ein Pfau auf, zwei- und dreimal, und durchriß die waldige Nacht mit dem kurzen, bösen und hölzernen Ton seiner **gepeinigten Stimme,** wie wenn das Leid aller Tierwelt ungeschlacht und schrill aus der Tiefe schellte [...].

(aus: Hermann Hesse: Klingsors letzter Sommer. Erzählung (1920),
*© Suhrkamp Verlag, Frankfurt/M. 1978)**

3 **Schreibe die fett gedruckten Wortgruppen in eine Tabelle. Notiere die konnotativen Bedeutungen in einer Spalte daneben.**

Arbeite in deinem Heft.

DAS MUSST DU WISSEN **Metapher**

Metapher bedeutet ursprünglich „Übertragung". Das heißt, ein Wort wird nicht in seiner eigentlichen Bedeutung (Denotation) benutzt, sondern in einem **übertragenen Sinn.** Verständlich für den Hörer oder Leser ist eine Metapher aber nur, wenn zwischen der ursprünglichen und der übertragenen Bedeutung eine Ähnlichkeit besteht.

- Metaphern dienen in erster Linie der **Veranschaulichung:** Etwas Abstraktes oder schwer Verständliches wird so deutlich.
- Sie können eine bestimmte Eigenschaft oder Eigenart oder einen bestimmten Charakterzug hervorheben.
- Sie werden auch gebraucht, wenn ein Begriff als negativ gilt (z. B. als obszön, anstößig, politisch unkorrekt, beleidigend usw.).
- Metaphern zeigen den Erfindungsreichtum unserer Sprache gerade dann, wenn neue Wörter entstehen.

BEISPIEL

Veranschaulichung: „schneller Brüter" (ein hoch komplizierter atomphysikalischer Prozess wird durch den biologischen Vorgang des Ausbrütens ausgedrückt), jemandem „das Herz brechen" (sein Lebensglück zerstören), etwas „mit Füßen treten" (es herabsetzen, entwürdigen).

Hervorhebung bestimmter Eigenschaften: „wie ein Löwe kämpfen" (für die Charaktereigenschaft Mut), „mit gespaltener Zunge sprechen" (für die Charaktereigenschaft, häufig zu lügen), „Wüstenschiff" (für Kamel).

Ersatz negativer Begriffe: „Hausassistentin" (für Putzfrau), „einschlafen" oder „von uns gehen" (für sterben).

Bezeichnung von Produkten: „Maus" (für Computerperipheriegerät), „Meiler" (für Reaktor), „Zebrastreifen" (für markierten Fußgängerüberweg).

Allen Metaphern gemeinsam ist die Ähnlichkeit: Beim „Ausbrüten" im Atomreaktor entsteht tatsächlich etwas Neues (Plutonium), so wie das Küken aus dem Ei, die Fortbewegung des Kamels erinnert an Schiffsbewegungen, der Löwe gilt als mutiges Tier, die Computermaus hat eine ähnliche Form wie das Lebewesen.

4 **Schreibe die Bedeutung der fett gedruckten Metaphern auf.**

1. Das Auto glänzt **wie Gold.**

2. Sie fuhren mit einer kleinen **Nussschale** über den See.

3. Timo **steht auf** Sara, nicht auf Anna.

4. Am **Fuß des Berges** begann die Kletterpartie.

5. Ihr Gesicht war **bleich wie Elfenbein.**

6. Der kleine Junge rannte **blitzschnell** über die Straße.

5 **Lies den Text. Achte auf die im Text fett gedruckten Metaphern.**

Vergiss nicht, unbekannte Begriffe zu unterstreichen und ihre Bedeutung mithilfe eines Lexikons oder Wörterbuchs zu klären.

Ende der Wohlfühlzeit?

Das ist nun mal die Crux mit den Prognosen. Ob sie wirklich eintreffen, weiß man immer erst hinterher. Zunächst ist alles, was in diesen Tagen und Wochen an Vorhersagen über den Verlauf der Konjunktur und Schätzungen über die zu erwartenden Steuereinnahmen des Staates auf uns **niederprasselt,** mit gebührender sachlicher Distanz zu betrachten. Ob der Koalition schon der **Schmierstoff** für Wohltaten ausgeht, wie manche meinen, oder bereits das Ende einer kurzen schönen Wohlfühlzeit erreicht ist, diese Frage ist müßig, sie stellt sich nicht.

Jedenfalls so nicht. Wenn es nämlich stimmt, dass sich das Wachstum auf 1,9 Prozent abschwächt, dann ist das allenfalls ein leichter **Dämpfer.** Die Regierungen Schröder und Kohl, die mehr als ein Jahrzehnt im Schnitt gerade mal mit um die ein Prozent dümpelnden Wachstumsraten leben mussten, hätten ob einer solchen Prognose wohl **mediale Freudenfeu-**

er entzündet. Und wenn nun die **Steuerquellen** nicht mehr ganz so stark sprudeln wie in den letzten drei Jahren mit teilweise zweistelligen Zuwachsraten, dann bleibt auch hier festzuhalten, dass Bund, Länder und Gemeinden insgesamt in diesem Jahr die höchsten Einnahmen aller Zeiten erzielen und diese im kommenden Jahr noch ein wenig besser ausfallen werden.

Zum Jammern, nicht einmal auf hohem Niveau, besteht also kein Anlass. Sollen die **schwarzen Zahlen** in den öffentlichen Kassen sich nicht wieder in rote verwandeln, muss aber der Fuß wieder auf die Ausgabenbremse gesetzt werden. Die Warnung der Wirtschaftsweisen vor teuren Wahlgeschenken ist nur zu berechtigt.

Die Mehreinnahmen sind längst verplant, für weitere Wohltaten wie die Rückkehr zur guten alten Pendlerpauschale etwa gibt es keinen Spielraum. Allenfalls um den Preis, notwendige Investitionen, etwa in die Verkehrsinfrastruktur, drastisch zu kürzen.

Die Überschüsse dieser guten Steuereinnahmejahre müssen vielmehr zum Abbau des **Schuldenbergs** verwendet werden, damit der Staat wieder mehr Handlungsfähigkeit gewinnt.

Die dunklen Wolken, die den **Konjunkturhimmel** wirklich eintrüben können, sind ja zu sehen: der erneut explodierende Ölpreis, die Gewinngier der Stromkonzerne, der Rekordwert des Euro und die noch nicht überwundene US-Immobilien-Finanzkrise, von der sich auch deutsche Banker leichtfertig haben infizieren lassen.

(Dietrich Eickmeier im Weser-Kurier vom 8.11.2007)

6 Erläutere die im Text unterstrichenen Metaphern.

Gehe darauf ein, wie sie im Textzusammenhang gemeint sind und aus welchem Bereich sie stammen.

Metapher	Herkunftsbereich	Bedeutung im Textzusammenhang
1. niederprasselt		
2. Schmierstoff		
3. Dämpfer		

Metapher	Herkunftsbereich	Bedeutung im Textzusammenhang
4. mediales Freudenfeuer		
5. Steuerquelle		
6. schwarze Zahlen		
7. Schuldenberg		
8. Konjunkturhimmel		

7 **Untersuche den Text auf Wörter mit auffälliger Konnotation.**

Schreibe drei Wörter in dein Heft und erläutere in Stichworten die zu ihnen gehörenden Assoziationen.

3.4 Haupt- und Nebensätze

DAS MUSST DU WISSEN

Haupt- und Nebensätze haben Merkmale, durch die du sie voneinander unterscheiden kannst:

- Im **Hauptsatz** steht der gebeugte Teil des Prädikats (das konjugierte Verb) meistens direkt vor oder nach dem Subjekt. Ist der Hauptsatz sehr kurz (nur Subjekt und Prädikat), steht das Prädikat am Satzende. Wenn du den Satz probehalber verlängerst, merkst du, ob du es mit einem Haupt- oder einem Nebensatz zu tun hast.
- In vollständigen **Nebensätzen** steht der gebeugte Prädikatsteil (das konjugierte Verb) immer am Ende. Nebensätze können nicht alleine stehen. Zumeist findet sich ein Einleitewort (Konjunktion, Relativpronomen), das den Bezug zum Hauptsatz herstellt.

BEISPIEL

Prädikat / Prädikat

Marie fragt sich, warum diese nebensächliche Aussage die Hauptsache bildet.

Hauptsatz / Nebensatz

Im Hauptsatz folgt das Prädikat unmittelbar dem Subjekt.
Im Nebensatz steht das Prädikat am Satzende.

Wenn du einen kurzen Satz verlängerst, also mit weiteren Satzgliedern ergänzt, kannst du herausfinden, ob es sich um einen Haupt- oder Nebensatz handelt.

1 Verlängere die Sätze und unterstreiche das Prädikat.

Der Lehrer schreibt ______.

Die Schüler stöhnen ______.

Die Schulzeit am Morgen dauert ______.

Mein Klassenkamerad neben mir redet ______.

Das Klingelzeichen ertönt ______.

Der Pausenhof füllt sich ______.

2 Unterstreiche die Prädikate. Bestimme die Haupt- und Nebensätze.

Wollt ihr am Wochenende ins Kino oder lieber in die Disco?

Max will nicht mitkommen, weil er nicht weiß, ob er den Film schon gesehen hat.

Petra hat keine Ahnung, wo die Kinokarten geblieben sind.

Ich rate euch, sucht diese Karten endlich!

Habt ihr sie jetzt endlich gefunden oder seid ihr immer noch bei der Suche?

Es ist aber sehr fraglich, ob wir jetzt noch rechtzeitig ins Kino kommen.

DAS MUSST DU WISSEN **Kommasetzung**

Man trennt Haupt- und Nebensätze immer durch ein Komma. Entscheidend für das Satzzeichen ist immer der letzte Hauptsatz in einer Satzreihe oder einem Satzgefüge.

- Nebensätze können vor oder hinter dem Hauptsatz stehen oder in diesen eingeschoben sein, sie sind immer durch Kommas abzutrennen.
- Auch wenn nach dem Nebensatz ein weiterer Hauptsatz oder Hauptsatzteil folgt, muss der Nebensatz durch ein Komma beendet werden.

Achtung: Einfache Satzglieder wie Objekte oder adverbiale Bestimmungen (Adverbiale) trennt man nicht durch ein Komma vom übrigen Satz ab.

3 **Lies den Text und unterstreiche die Nebensätze.**

Weil ein Orkan über der Nordsee tobte gerieten einige Schiffe in Seenot. Der Sturm knickte etliche Bäume um während er über das Festland fegte. Da im Rundfunk vor dem Sturm gewarnt worden war wagten sich nur wenige Menschen ins Freie. Weil Bäume auf Autos stürzten entstand ein hoher Sachschaden. Nachdem der Sturm nachgelassen hatte konnte man erst das ganze Ausmaß des Schadens der sehr beträchtlich war abschätzen. Die Geschädigten die hauptsächlich direkt an der Küste wohnen können sich glücklich schätzen wenn sie eine Sturmversicherung abgeschlossen haben.

4 **Setze die fehlenden Kommas in den Text ein.**

3.5 Nebensätze bestimmen

DAS MUSST DU WISSEN Relativsätze

Diese Nebensätze heißen so, weil sie durch ein **Relativpronomen** (z. B. der, die, das oder welcher, welche, welches) eingeleitet werden. Weitere Kennzeichen sind:

- Relativsätze erklären ein Substantiv (Nomen) des übergeordneten Satzes näher.
- Sie stehen in der Regel direkt hinter diesem Substantiv.

BEISPIEL

Ich kenne **den Mann**, **der** dort an der Kreuzung steht.

Hauptsatz: Ich kenne den Mann – Relativsatz: der dort an der Kreuzung steht

Das Substantiv des Hauptsatzes „Mann" wird durch den Relativsatz näher beschrieben.
Der Relativsatz könnte natürlich auch beliebig anders lauten, etwa „der einen Hut trägt" oder „der grüne Socken anhat" oder „der ein Krokodil an der Leine spazieren führt". Für die grammatische Bestimmung spielt das keine Rolle.

Relativsätze stehen in der Regel direkt hinter dem Substantiv, auf das sie sich beziehen. Ändert sich die Stellung dieses Substantivs innerhalb des Satzes, muss sich auch die Stellung des Relativsatzes ändern: *Den Mann, der dort an der Kreuzung steht, kenne ich.*

1 Hier fehlen einige Relativpronomen.

Lies den Text genau und ergänze sie.

Eine Schulfreundin, ________ ich schon seit der ersten Klasse kenne, hat einen jüngeren Bruder, ________ immer versucht, uns zu ärgern. Gestern hat er in meine Schultasche, ________ auf dem Flur stand, eine matschige Tomate gesteckt. Diese Tomate, von ________ sich teilweise schon die Haut gelöst hatte, hat mein neues Etui, ________ ich gerade zum Geburtstag bekommen hatte, verschmutzt. Meine Freundin hat noch einen Bruder, ________ älter ist. Der Große hat dem Kleinen, ________ auch ihn schon öfter geärgert hat, ordentlich seine Meinung gesagt.

DAS MUSST DU WISSEN Konjunktionalsätze

Diese Nebensätze sind besonders wichtig für eine sachlich präzise und genaue Aussage. Sie werden immer durch eine **unterordnende Konjunktion** eingeleitet. Die Konjunktionen geben **logische Beziehungen** und **Verhältnisse** zwischen den Aussagen von Haupt- und Nebensätzen an.

	Art des Konjunktionalsatzes	Fragen	Konjunktionen
1.	Lokalsatz	Wo ...? Woher ...? Wohin ...?	wo, woher, wohin
2.	Temporalsatz	Wann ...? Wie lange ...? Seit wann ...?	nachdem, als, sobald, wenn, bevor, bis, solange, während
3.	Modalsatz	Wodurch ...? Auf welche Art und Weise ...?	indem, dadurch dass, ohne dass, als ob
4.	Kausalsatz	Weshalb ...? Aus welchem Grund ...? Warum ...?	weil, denn, da, dass
5.	Konditionalsatz	Unter welcher Bedingung ...?	wenn, falls, sofern, es sei denn dass, unter der Bedingung (Voraussetzung), dass
6.	Konsekutivsatz	Mit welcher Folge (Konsequenz) ...?	dass, sodass, ohne dass
7.	Finalsatz	Zu welchem Zweck ...? Mit welcher Absicht ...?	damit
8.	Konzessivsatz	Mit welcher Einschränkung ...? Trotz welcher Gegengründe ...?	obwohl, obgleich, obschon, wenn ... auch, wenngleich

2 Unterstreiche alle Konjunktionalsätze im Text. Setze die fehlenden Kommas ein.

Limonaden-Joe zerrte an seinem Colt obwohl seine Finger ganz zitterig waren. „Ich brauche unbedingt eine Limo damit ich wieder in Form komme", dachte er während er auf den Saloon zuschritt. Bevor er zur Tür hineingehen konnte flogen ihm schon zwei Cowboys entgegen. „Wenn das so weitergeht ist der Saloon bald leer", dachte Joe, „sodass ich mich wohl beeilen muss bevor die gute Stimmung vorbei ist."
Er ging in den Saloon indem er die Schwingtüren mit den Schultern aufdrückte.
Er sah sofort wo Calamity-Jim saß weil dort das Gegröle am lautesten war. Er sagte zu dem Barmixer ohne dass er Jim aus den Augen ließ: „Eine Limo!" Obgleich bis zu diesem Augenblick ein Höllenlärm geherrscht hatte wurde es sofort still im Saloon. Joes auffällige Eigenart war allgemein bekannt sodass jeder wusste dass dieser Fremde nur Limonaden-Joe sein konnte obwohl ihn keiner im Saloon persönlich kannte. Sobald Joe die Limo getrunken hatte ging es ihm besser. Er sagte in die Totenstille hinein: „Sofern niemand etwas dagegen hat werde ich mit Jim die Sache unter Männern regeln." Niemand hatte etwas dagegen denn jeder wusste genau wo in Tombstone der Friedhof lag. Joe sagte: „Also, Calamity-Jim, wenn du mir mein Kuscheltier nicht sofort wiedergibst werde ich dich niemals mehr mit meiner Modelleisenbahn spielen lassen."

3 **Bestimme die Konjunktionalsätze näher.**

Schreibe die Zeilen und die Konjunktionen auf. Notiere, um welche Art von Nebensatz es sich jeweils handelt.

Z. 1: obwohl – Konsekutivsatz,

4 **Bilde jeweils aus den beiden Hauptsätzen einen Hauptsatz mit einem Nebensatz.**

1. Achte auf die passenden Konjunktionen.
2. Denke an die Kommas.

Lokalsatz: Ich habe keine Ahnung. Der Schatz ist verschwunden.

Temporalsatz: Viola geht gerne spazieren. Es regnet gleichzeitig.

Modalsatz: Wir bereiten uns sorgfältig auf das Konzert vor. Wir üben jeden Tag.

Kausalsatz: Ich gehe gerne bei Regen spazieren. Ich mag den Regen sehr.

Konditionalsatz: Auch meine Freundin Dörte spaziert gerne im Regen. Die Temperaturen sind richtig hoch.

Konsekutivsatz: Ich werde heute nicht mehr fertig werden. Ich bin auf die Arbeit nicht gut vorbereitet.

Finalsatz: Ich werde die halbe Nacht durcharbeiten. Ich bin auf die Arbeit perfekt vorbereitet.

Konzessivsatz: Wegen des starken Regens sind die Bäche übergelaufen. Unser Keller ist trocken geblieben.

DAS MUSST DU WISSEN Infinitivsätze

Den erweiterten „Infinitiv mit zu" fasst man als verkürzten Nebensatz auf, da er an die Stelle eines vollständigen Nebensatzes treten kann.

- Die Erweiterung kann bestehen aus „um zu", „ohne zu" und „anstatt zu" oder weiteren Satzgliedern. Sie wird durch ein Komma abgetrennt.
- Einen einfachen Infinitiv (Verb + „zu") **kann** man durch Komma(s) vom übergeordneten Satz abtrennen, um die Satzgliederung deutlicher zu gestalten.
- Der Infinitivsatz ist häufig die kürzere und elegantere Form der Formulierung.

BEISPIEL

- Um zu segeln, braucht man ein Segelboot.
- Es ist nicht erlaubt (,) im Bus Eis zu essen.

Das zweite Beispiel kann zu einem Satzgefüge mit einem Konjunktionalsatz umgeformt werden: Es ist nicht erlaubt, dass im Bus Eis gegessen wird.

5 Lies den Text und unterstreiche die Nebensätze.

1. Wir empfehlen dir sehr, dass du auch einen einfachen Infinitiv durch ein Komma abtrennst.
2. Die Abtrennung des Infinitivs durch ein Komma ist sinnvoll, damit die Satzstruktur deutlicher gemacht wird.
3. Aber die Rechtschreibregeln erlauben es, dass der einfache Infinitiv nicht durch Komma abgetrennt wird.
4. Es hat aber keinen Sinn, dass man sich darüber streitet, denn die Rechtschreibkommission hat die Regelung so beschlossen.
5. Es ist also jedem freigestellt, ob er bei einfachem Infinitiv ein Komma setzt oder nicht.

6 Forme die Nebensätze in Infinitivsätze um. Schreibe die Sätze vollständig in dein Heft.

Achte darauf, dass du einen Infinitivsatz mit „um zu", „ohne zu" und „anstatt zu" mit einem Komma abtrennst.

DAS MUSST DU WISSEN Partizipialsätze

Mit dem **Partizip Präsens** oder **Partizip I** (rennend, essend, lernend) oder dem **Partizip Perfekt** oder **Partizip II** (gerannt, gegessen, gelaufen) kann man Partizipialsätze bilden.
Die erweitere Partizipialkonstruktion fasst man als verkürzten Nebensatz auf, da er an die Stelle eines vollständigen Nebensatzes treten kann.

- Der Partizipialsatz bezieht sich auf das Subjekt des Hauptsatzes.
- Meistens erweitert man das Partizip.
- Grammatisch behandelt man den Partizipialsatz wie den Infinitivsatz. Er kann, muss aber nicht durch Komma abgetrennt werden. Auch seine Leistung ist ähnlich: Häufig stellt er die elegantere Formulierung dar.

BEISPIEL

Einen Tee trinkend (,) erledigt Janina ihre Hausaufgaben.

Der Satz kann zu einem Satzgefüge mit einem Konjunktionalsatz umgeformt werden: Während sie einen Tee trinkt, erledigt Janina ihre Hausaufgaben.

7 Unterstreiche die Konjunktionalsätze.

Als wir am Meer angekommen waren, nahmen wir sofort ein Bad. – Während er nach allen Seiten aufmerksam den Strand beobachtete, kam der Bademeister auf uns zu. – Indem er energisch den Kopf schüttelte, machte er uns deutlich, dass er mit unserem Bad nicht einverstanden war. – Während er aus vollem Halse schimpfte, kam er schnell auf uns zu. – Als wir aus dem Wasser gekommen waren, sahen wir die Tafel mit den Badezeiten.

8 Forme die Konjunktionalsätze in Partizipialsätze um. Schreibe in dein Heft.

9 Forme die Partizipialsätze in Konjunktionalsätze um. Schreibe in dein Heft.

Bedenke: Konjunktionalsätze **müssen** durch Komma abgetrennt werden!

1. Vorsichtig nach allen Seiten lauschend (,) läuft das Reh auf die Lichtung.
2. Anna betritt (,) einen geleerten Papierkorb tragend (,) die Klasse.
3. In der Ferienwohnung angekommen (,) machten wir es uns erst einmal gemütlich.
4. Der Lehrer kommt (,) noch über einen Witz lachend (,) in das Lehrerzimmer.
5. Gerade erst im Lotto gewonnen (,) hatte Ernst das Geld auch schon wieder ausgegeben.
6. Das Mittagsessen aufwärmend (,) schreibt Michael auch noch schnell eine SMS.

3.6 Umformung von Nebensätzen

DAS MUSST DU WISSEN

Manchmal ist es stilistisch besser, einen Relativsatz in **Attribute** oder **Appositionen** und Konjunktionalsätze in **adverbiale Bestimmungen** (Adverbiale) umzuformen. Dadurch vermeidet man umständliche Nebensätze.
Die jeweiligen Kommas, die den Nebensatz vom Hauptsatz getrennt haben, müssen wegfallen, da man Satzglieder vom übrigen Satz nicht durch Komma abtrennt. Die Grundregel ist aber: Wenn der Satzbau unübersichtlich wird, sollte der jeweilige Nebensatz gewählt werden.

BEISPIEL

Wir machen keinen Ausflug, weil das Wetter schlecht ist.

Hauptsatz — Konjunktionalsatz

Wegen des schlechten Wetters machen wir keinen Ausflug.

Adverbiale Bestimmung

Vorsicht: Kein Komma! „Wegen des schlechten Wetters" ist ein Satzglied!

1 Unterstreiche die Attribute in den Sätzen.

1. Die in Weiß gekleidete und durch Verletzungspech geschwächte Fußballmannschaft verlor das Spiel.
2. Heute ist mir ein auf einem Fuß hinkender und entsetzlich laut krächzender Papagei zugeflogen.
3. Insgesamt sieben unaufhörlich und schrill bellende Dackel und ein Bernhardiner rasten hinter der Katze her.
4. Ein Lexikon ist eine feine Sache, wenn man es nicht in der zu Hause auf dem Schreibtisch stehenden Tasche gelassen hat.
5. Ich verkehre mit meinem Bruder bekannten Prominenten.
6. Ein auf der Bremer Seite der bereits abgefahrenen Fähre nachgesprungener Mann fiel in die Weser.
7. Ein auf meinem Schulschreibtisch herumliegendes Bestellformular für ein teures Mikroskop versetzt mich in Unruhe.
8. Ein dickleibiges, schweres und ziemlich angestaubtes Buch liegt oben auf der Kommode.

2 Forme die Attribute bei Übung 1 in Relativsätze um. Schreibe in dein Heft.

3 Unterstreiche die Konjunktionalsätze.

1. Das Geschäft ist geschlossen, weil der Inhaber krank ist.
2. Der Wettbewerb beginnt, wenn die Sonne aufgeht.
3. Herbert trainiert jeden Tag, damit er in die richtige Wettkampfform kommt.
4. Obwohl heftiger Regen fällt, spielen die Kinder draußen in der Sandkiste.
5. Fritz ahnt, bevor der Film zu Ende ist, schon den Ausgang.
6. Meiner Tochter ist, obwohl sie sehr vorsichtig war, die EC-Karte gestohlen worden.
7. Da die Vorstellung ausverkauft ist, gibt es keine Eintrittskarten mehr.
8. Obgleich das Wetter eher kalt und regnerisch ist, hat das Freibad geöffnet.

4 Forme die Konjunktionalsätze in deinem Heft in adverbiale Bestimmungen um.

Test

1 Setze die fehlenden Aktiv- und Passivformen ein.

Der letzte Tante-Emma-Laden unserer Stadt __________ von einer alten Dame __________ (führen). Sie ist schon 76 Jahre alt, __________ aber immer noch jeden Morgen zum Großmarkt (fahren). Die Obstkisten allerdings __________ ihr von einem netten Helfer ins Auto __________ (tragen). Jeden Tag pünktlich um 7 Uhr __________ sie den Laden __________ (aufschließen). Am Wochenende __________ sie selber zu ihrer Tochter nach Bremen (fahren). Ab Montag __________ sie dann wieder hinter der Ladentheke (stehen), und jeder Kunde __________ eigenhändig von ihr __________ (bedienen).

2 Unterstreiche alle Nebensätze in dem Text und ergänze die fehlenden Kommas.

Grobian Gerhardsen der seit zwei Wochen Meister im ostfriesischen Dreikampf ist kann mit sich selber nicht zufrieden sein da er gestern an der Verbesserung des Weltrekords deutlich scheiterte. Obwohl er in der Disziplin „Teebeutelweitwurf" einen Teebeutel mit doppelter Füllung nahm gelang ihm keine neue Bestmarke. Einige Zuschauer die den Sicherheitsabstand nicht eingehalten hatten entgingen nur knapp einer Verletzung indem sie schnellstens aus der Wurfzone flohen.

Weil es die Tage vorher stark geregnet hatte endete auch die zweite Disziplin kläglich. Beim Grabenweitsprung blieb der Stab mitten im Graben stecken sodass Grobian in den Graben rutschte. Er wurde dabei völlig durchnässt. Das Torfstechen als dritte Disziplin musste völlig ausfallen da kein Spaten zu finden war.

3 Forme im Text oben Relativsätze oder Konjunktionalsätze sinnvoll in adverbiale Bestimmungen oder Attribute um. Achte dabei auf die Kommaregelung. Schreibe in dein Heft.

4 **Forme direkte in indirekte Rede um. Schreibe in dein Heft.**

Vor dem Wettkampf äußerte sich Grobian im Interview:
„Ich werde die gleiche Teesorte wie beim letzten Versuch nehmen. Der Stab für den Grabenweitsprung ist sehr dünn und elastisch. Ich hoffe, er hält der Belastung stand. Das Torfstechen ist meine Spezialdisziplin. Wenn ich einen guten Spaten erhalte, kann nichts schiefgehen."

5 **Setze die passenden Verbformen (von *haben* oder *sein*) ein und bestimme den Modus.**

Im anschließenden Interview kommentierte Gerhardsen sein Scheitern:

„ __________ ich eine bessere Teesorte genommen,

__________ der Versuch erfolgreich gewesen.

Außerdem __________ der Stab für den Grabenweitsprung zu dünn.

Er __________ durchgebrochen, wenn ich ihn voll belastet

__________. Wegen der Sturmflut __________ alle

Spaten an die Küstenwache ausgeliehen. Natürlich __________ ich in

der Lage gewesen, im Torfstechen einen neuen Rekord aufzustellen, wenn mir ein Spaten

zur Verfügung gestanden __________."

Der Modus im Text ist: __________.

6 **Forme die Adverbialsätze in adverbiale Bestimmungen um. Schreibe in dein Heft.**

1. Obschon mir jede Motivation fehlte, nahm ich am täglichen Training teil.
2. Während ein heftiger Regenschauer herunterprasselte, trabten wir durchs Gelände.
3. Als wir wieder in der Tunhalle ankamen, hörte der Regen pünktlich auf.
4. Unser Trainer versuchte uns zu motivieren, indem er heftig die Vorteile der Abhärtung durch schlechtes Wetter hervorhob.
5. Aber obwohl er sich wirklich sehr abmühte, ging dieser Versuch komplett daneben.

7 **Forme in Partizipialsätze um. Schreibe in dein Heft.**

1. Während er aufgeregt bellt, kommt uns unser Hund entgegengerannt.
2. Er zeigt seine Freude, indem er kräftig mit dem Schwanz wedelt.
3. Indem er erwartungsvoll jault, macht er deutlich, dass er noch einmal loslaufen möchte.

4 Richtig schreiben

Das musst du am Ende der Klasse 7 können:

- Dehnung und Schärfung üben
- s-Laute richtig schreiben
- „das“ und „dass“ unterscheiden und richtig verwenden
- Groß- und Kleinschreibung beherrschen
- Zusammen- und Getrenntschreibung üben
- Fremdwörter richtig schreiben
- Trennungsregeln beachten

4.1 Dehnung und Schärfung üben

DAS MUSST DU WISSEN **Dehnen**

Dehnen kann man nur **Vokale.** Sie werden dann lang gesprochen. Folgende Schreibungen gibt es:

- Häufig schreibt man lang gesprochene Vokale a, e, o, u sowie die Umlaute ä, ö und ü nur mit einem einfachen Buchstaben, z. B.: *Wal*, *leben*, *rot*, *müde*. Das gilt auch für einsilbige Wörter: *wen*, *zu*, *so*.
- Manchmal steht nach lang gesprochenen Vokalen a, e, o, u sowie den Umlauten ä, ö und ü ein h, vor allem in Verbindung mit den nachfolgenden Konsonanten: l, m, n, r, z. B.: *Wahl*, *Lehm*, *Sohn*, *Bühne*, *mehr*, *Uhr*.
- Einige wenige Wörter schreibt man mit Doppelvokal: *Paar*, *Beere*, *Boot*.
- Ein lang gesprochenes i schreibt man meist mit ie, z. B.: *Tier*, *Miete*.
- Ganz wenige Wörter schreibt man mit ih, nämlich Pronomen wie z. B.: *ihm*, *ihn*, *ihnen*, *ihr*, *ihre*.
- Nur wenige Wörter mit lang gesprochenem i schreibt man mit einfachem i. Es sind meistens Fremdwörter, z. B.: *Mandarine*, *Cousine*, *Stil*.
- **Achtung:** Es gibt auch die Kombination ieh, aber dann handelt es sich nicht um das Dehnungs-h, sondern um das gesprochene h. (*Es zieht* – beim Infinitiv *ziehen* wird das h gesprochen.)

1 **Entscheide, ob und wie die Vokale gedehnt werden müssen.**

Ergänze die fehlenden Buchstaben, falls nötig, und schreibe die Wörter noch einmal vollständig auf.

Sie ist bi ___ nenfleißig.	*bienenfleißig*	Ich bin ganz O ___ r.	
Selim isst gerne O ___ bst.		Alex bleibt hi ___ r.	
Sandra geht mit i ___ nen mit.		Demet schaut auf die U ___ r.	
Lena zeigt Mu ___ t.		Im U ___ rwald leben vi ___ le unbekannte Ti ___ re.	
Daniela nimmt i ___ r Handy.		Maksim ge ___ t nach Hause.	
Nikos stö ___ rt den Unterricht.		Andreas bekommt ein Lo ___ b.	
Janina si ___ bt das Mehl.		Nils li ___ sich das Buch aus.	
Nellie schri ___ b den Text ab.		Wi ___ hast du das geschafft?	

2 **Wie werden die Vokale in den Wörtern mit den Lücken gedehnt?**

Ergänze, falls notwendig, fehlende Buchstaben.
Schreibe die Wörter in der richtigen Schreibweise vollständig in deinem Heft auf.

Paul fährt ans Me ___ r.

Johann fährt ins Mo ___ r.

Das Betreten der Silbermi ___ ne ist gefährlich.

Der Müller ma ___ lt das Korn.

War Karl der Ka ___ le wirklich ka ___ l?

Petra hat blondes Ha ___ r.

Ru ___ m ist sehr flüchtig.

Die Kugel ist innen ho ___ l.

Torben kann nicht me ___ r.

Die gute Fe ___ gibt es nur im Märchen.

Klaus macht eine ernste Mi ___ ne.

Die Zuschauer sind voller Ho ___ n.

Ich le ___ ne mich an das Pult.

Hans badet im Se ___ .

DAS MUSST DU WISSEN Schärfen

Schärfen kann man nur **Konsonanten.** Den davorstehenden Vokal spricht man dann kurz.

Folgende Schreibungen gibt es:

- Nach betonten kurzen Vokalen folgen meist zwei unterschiedliche Konsonanten, z. B.: *Hund*, *Topf*.
- Hört man nur einen Konsonanten, wenn man den vorhergehenden Vokal kurz spricht, wird der Konsonant verdoppelt: *Rippe*, *Affe*, *Mutter*.
- Als Sonderfall schreibt man z als tz und k als ck. Das ck darf man nicht trennen: *fla-ckern*, *Mü-cke*.

Tipp: Falls du unsicher bist, wenn der Konsonant am Ende des Wortes steht, versuche das Wort so zu verlängern, dass die Schärfung in die Wortmitte rückt. Dann hört man die Doppelung häufig: *Stall* - *Ställe*.

3 Entscheide, ob eine Schärfung vorliegt, und verlängere, falls möglich.

Ergänze die fehlenden Buchstaben, falls nötig, und schreibe die Wörter noch einmal vollständig auf.

Der Hahn hat einen roten Kam .		Marco kan das noch nicht.	
Der Dieb wurde erkan t.		Dieses Sandwich schmeckt him lisch.	
Die Kel e ist ein Maurerwerkzeug.		Dein Hemd span t ganz schön an den Schultern.	
Hubert fühlt sich mat .		Der Bal rol t den Hügel herab.	
Das Wasser rin t die Mauer herunter.		Ivo sol dem Klassenlehrer Bescheid sagen.	

Friedhelm turnt gerne am Bar en.		Das Flus bett ist ausgetro net.	
Die Rob en liegen faul am Strand.		Das machst du sehr geschi t.	
An den Dachspar en sol man nicht sparen.		Der Geschma haut mich total um.	
Des Wet er ist her lich.		Dieses Rö chen ist einfach viel zu kurz!	
Mir darf kein Tip fehler unterlaufen.		Der La ist ab.	
Die Kan e ist bis zum Rand gefüllt.		Unser Hund ist lei-der bis ig.	
Moritz fäl t fast aus dem Fenster.		Der Ru sack ist viel zu schwer.	
Das Fenster hat eine Kip vor ichtung.		Wir wollen ein Häp chen essen.	
Nico gewin t in der Lotterie.		Anna schwim t im großen Becken.	

4.2 s-Laut richtig schreiben

DAS MUSST DU WISSEN

Die Schreibung des s-Lautes richtet sich danach, ob ihm ein kurzer oder ein langer Vokal vorangeht:

- ▶ Nach kurzem Vokal schreibt man (auch im Auslaut) ss, z. B. *Fluss*.

- Nach langem Vokal schreibt man ß, z. B. *Gruß*.
- Um festzustellen, wie das s im Auslaut geschrieben wird, kann man sich häufig durch Verlängerung des Wortes helfen: Bei der Mehrzahl *Lose* hört man deutlich, dass das Wort *Los* mit s am Ende gechrieben wird. Das Wort *Maß* wird mit stimmlosem s gesprochen, dies hört man bei der Mehrzahl *Maße*.
- Die Nachsilbe -nis schreibt man im Singular immer mit s, im Plural dagegen mit ss: Hindernis – Hindernisse.
- Es gibt aber Wörter, deren Schreibweise man sich einprägen muss, weil die Verlängerungsprobe nicht hilft, z. B. *hastig*.

1 Entscheide, wie der s-Laut geschrieben wird.

Schreibe in die Tabelle jeweils die Verlängerung des Wortes und ergänze anschließend s, ss oder ß in den Lücken.

Der Gurt rei t.		Er stie mich an.	
Ich mu das Gepäck tragen.		Kurt lie seinen Koffer stehen.	
Der Hund bei t.		Meine Tochter gibt mir einen Ku .	
Ich sage dir: La lo .		Der Spa war groß.	
Das ist mir lä tig.		Ihr seid ein bi chen zu laut.	
Das Wagni gehe ich nicht ein.		Mein Fu ist eingeschlafen.	
Er entschlo sich.		Das Hau ist geräumig.	
Bernd ha t Rapmusik.		Die hei begehrten Früchte.	
Ich bin gewi ganz vorsichtig.		Das Mi geschick ärgert mich.	

2 **Ergänze die Lücken. Achte auf die Schreibung des s-Lautes.**

Ein A___t liegt auf der Straße.

Die___ ist eine wichtige Frage.

Er verlä___t die Wohnung.

Ich bleibe bi___ zum Mittag.

Die Diele hat einen Ri___.

Das ist ein klares Mi___verständnis.

Die Musik ist ein Hörgenu___.

Das Geheimni___ ist gelöst.

Heinz lie___ sich ablösen.

Du vermi___t die Bewegung?

Letztes Jahr gab es eine Mi___ernte.

Ihr wi___t den genauen Weg?

3 **Schreibe die Wörter aus Übung 2 noch einmal in deinem Heft auf.**

4.3 „das“ und „dass“ unterscheiden

DAS MUSST DU WISSEN

Bei **„das“** handelt es sich entweder um einen bestimmten Artikel, ein Demonstrativ- oder ein Relativpronomen.
Das Wort **„dass“** ist immer eine Konjunktion.
Folgendermaßen kannst du die beiden Wörter unterscheiden:

- Kann man in einem Satz „das“ durch „dieses“, „jenes“ oder „welches“ ersetzen, handelt es sich um einen Artikel oder ein Pronomen, daher ist die Schreibung mit einfachem s korrekt.
- Ist diese Ersatzprobe nicht möglich, handelt es sich um eine Konjunktion, die Schreibung muss mit Doppel-s erfolgen.

BEISPIEL

Dass Kolumbus das Land Amerika entdeckt hat, das weiß heute jedes Kind, obwohl das eigentlich nicht richtig ist, denn eigentlich waren das die Wikinger, die allerdings glaubten, dass sie auf Grönland seien.

Die Ersatzprobe:
Dass Kolumbus das Land Amerika entdeckt hat, dieses weiß heute jedes Kind, obwohl dieses/jenes nicht richtig ist, denn eigentlich waren dieses die Wikinger, die allerdings glaubten, dass sie auf Grönland seien.

1 Setze „das“ oder „dass“ ein.

Denke an die Ersatzprobe.

____ Auto unseres Nachbarn, ____ immer an der Straße steht, ____ ist schon recht alt. Er pflegt es aber so gut, ____ es besser aussieht als manch anderes Fahrzeug, ____ jünger ist.

Mich wundert, ____ es viele Leute nicht verstehen, ____ er so ein altes Auto fährt. ____ zeigt, ____ sie unseren Nachbarn nicht richtig kennen und ____ sie nicht wissen, ____ unser Nachbar Vorsitzender eines Oldtimerclubs ist. Dadurch, ____ er so viel Zeit für sein Auto aufwendet, kann er sich kaum um sein Haus kümmern, ____ daher etwas ungepflegt aussieht. ____ stört ihn allerdings wenig, da ____ Auto eben sein Hobby ist. Es ist eben so, ____ ihn alte Autos interessieren. ____ er den größten Teil seiner Freizeit an dem Auto bastelt, ____ ärgert seine Ehefrau allerdings ziemlich. Sie hätte gerne, ____ er dem Haus und dem Garten mehr Zeit widmet. Er hat mir aber erzählt, ____ er keine Lust dazu hat, sondern ____ er lieber an seinem Auto schraubt. Ich glaube manchmal, ____ Auto ist ihm wichtiger als seine Familie, aber ____ fände ich nicht schön.

2 Bilde Satzgefüge mit den folgenden Sätzen.

Schreibe Konjunktionalsätze mit „dass“, „sodass“ oder Relativsätze mit „das“ auf. Achte darauf, dass zwischen Haupt- und Gliedsatz immer ein Komma stehen muss. Schreibe in dein Heft.

1. Es regnet draußen. Ich kann kein Sonnenbad nehmen.
2. Das Haus steht an der Straßenecke. Es hat grün gestrichene Fenster.
3. Mein Bücherregal ist zusammengebrochen. Es hat viele Jahre lang gehalten.
4. In der Disco ist es furchtbar laut. Ich habe mir Ohrenschützer mitgenommen.
5. Unser Wohnmobil steht noch auf Rügen. Es hat einen Motorschaden.
6. Ich habe verschlafen. Ich erreiche den Bus nicht mehr.
7. Jens hat Durst. Er trinkt zwei Glas Wasser.
8. Mein Fahrrad ist zurzeit nicht benutzbar. Es hat einen Platten.
9. Jenny ist erschöpft. Sie braucht eine Pause.
10. Das Modellflugzeug hat einen abgebrochenen Flügel. Es ist abgestürzt.
11. Das Notebook meines Vaters ist ganz neu. Er benutzt es jeden Tag.
12. Ich habe gehört. Werder Bremen hat einen neuen Spieler gekauft.
13. Das Foto hängt hinten in unserem Klassenraum. Es zeigt uns beim letzten Fußballturnier.
14. Janina muss glauben. Sven hat keine Ahnung von Mathe.
15. Hannah schläft fest. Sie hört das Klingeln nicht.
16. Das Telefon klingelt ununterbrochen. Es steht auf dem Schreibtisch meiner Mutter.
17. Das Reklamemonster wirkt überhaupt nicht abschreckend. Es hat ein giftgrünes Gesicht.
18. Die Autos stehen direkt hintereinander. Ihre Stoßstangen berühren sich.
19. Es ist besonders seltsam. Keiner hat etwas bemerkt.
20. Das Lexikon benutze ich sehr oft. Es steht im Wohnzimmerschrank.

4.4 Groß- und Kleinschreibung

DAS MUSST DU WISSEN | **Substantive erkennen**

Satzanfänge, Substantive (Nomen) und **Eigennamen** schreibt man groß. Wörter, die auf -heit, -keit, -nis, -ung, -tum und -schaft enden, sind immer Substantive.
Alle anderen Wortarten schreibt man klein. Sie können allerdings als Substantive gebraucht werden. Diesen Vorgang nennt man Substantivierung. Sie sind dann ebenfalls großzuschreiben.
Folgende **Signale** zeigen, dass es sich um ein **Substantiv** handelt:

- Substantive besitzen in der Regel ein festes Genus (Geschlecht) und sind durch Numerus (Zahl) sowie Kasus (Fall) näher bestimmbar.
- Substantive haben einen Begleiter oder können ihn grundsätzlich haben. Begleiter können sein: Artikel, Pronomen, Präposition und Zahlwort.
- Substantive können durch vorangestellte Attribute oder nachgestellte Appositionen bzw. Relativsätze näher erläutert sein.

BEISPIEL

Beispiel	Bezeichnung	Begleiter/ Substantivsignal	Genus	Numerus	Kasus
das Buch	Gegenstand	bestimmter Artikel	Neutrum	Singular	Nominativ oder Akkusativ
eine Dogge	Lebewesen	unbestimmter Artikel	Femininum	Singular	Nominativ oder Akkusativ
drei Kinder	Lebewesen	Zahlwort	Neutrum	Plural	Nominativ oder Akkusativ
dieses Gefühls	Begriff	Demonstrativpronomen	Neutrum	Singular	Genitiv
meinem Vater	Lebewesen	Possessivpronomen	Maskulinum	Singular	Dativ

1 **Übertrage die obige Tabelle in dein Heft. Bearbeite die folgenden Substantive wie vorgegeben.**

das Vertrauen *des Onkels* *sein Bruder* *eine Puppe*
deinem Gedanken *diesen Wegen* *die Grundlagen*
eines Vertrauens *unsere Vorstellungen* *allen Anwesenden*

DAS MUSST DU WISSEN **Substantivierung von Verben**

Wenn man Verben wie ein Substantiv gebraucht, werden sie großgeschrieben. Dies nennt man **Substantivierung.**

- Man erkennt die Substantivierung an einem der Substantivsignale.
- Auch wenn man ein Signalwort ergänzen könnte, schreibt man groß.
- In den Fällen, in denen der Infinitiv sowohl nominal als auch verbal aufgefasst werden kann, sind beide Schreibweisen möglich.

BEISPIEL

- Das Lesen ist meine Leidenschaft.
  „Lesen" ist eindeutig substantiviert, denn es hat als Begleiter einen Artikel, es kann durch Genus, Numerus und Kasus näher bestimmt werden und man könnte ein Attribut, eine Apposition oder einen Relativsatz beifügen.

Hier ist sowohl Groß- als auch Kleinschreibung möglich:
- Meine Cousine übt singen/Singen.
- Der Säugling lernt laufen/Laufen.
  Man könnte „das" ergänzen.

2 Entscheide, ob du groß- oder kleinschreiben musst oder ob beide Schreibungen möglich sind.

Setze bei Großschreibung A, bei Kleinschreibung B ein oder A und B bei beiden Möglichkeiten.

1. Dein lautes s – S chnarchen stört mich.
2. Wir kommen morgen und ü – Ü ben gemeinsam.
3. Timo und Leon kommen morgen zum ü – Ü ben.
4. Die Mannschaft gewann mit z – Z ittern und z – Z agen.
5. Bekanntlich geht p – P robieren über s – S tudieren.
6. Um r – R eiten zu l – L ernen braucht man ein Pferd.
7. Ich übe, korrektes Englisch zu s – S prechen.
8. Ferdinand übt das korrekte s – S prechen der englischen Vokabeln.
9. Der kleine Junge trainiert eifrig r – R adfahren.
10. Deine Schwester sieht dir zum v – V verwechseln ähnlich.

3 Begründe die Großschreibung bei Übung 2.

Erläutere, welche Substantivsignale vorliegen.

DAS MUSST DU WISSEN **Substantivierung von Adjektiven**

Auch Adjektive schreibt man groß, wenn man sie wie ein Substantiv gebraucht.

- Achte auf die Substantivsignale.
- Nach „alles, allerlei, nichts, wenig, viel, manches, mancherlei" schreibt man Adjektive immer groß.

Vorsicht: Steht ein Adjektiv im Superlativ mit „am", schreibt man klein. Es handelt sich hier nicht um die Zusammenziehung von Präposition und Artikel („an dem"), sondern um die Kennzeichnung des Superlativs. Daher gilt hier: keine Substantivierung, keine Großschreibung!

BEISPIEL **Groß- und Kleinschreibung von Adjektiven**

Ich ahne nichts Gutes.
Deine Bemerkung trifft ins (in das) Schwarze.
Das Hochhaus, das in der Mitte steht, ragt am höchsten auf. (Superlativ mit „am")
Für Marco ist es das Höchste, im Badminton zu gewinnen.
Das Vergnügen, das Fred als das höchste ansieht, ist ein Spaziergang am Strand. (Superlativ, Bezugswort ist „Vergnügen")
Der Austauschschüler aus den USA hat viel Interessantes zu berichten.
Wir regeln alles zum Besten unserer Kunden.
Es ist für unsere Kunden am besten, wenn sie unsere Produkte nachfragen. (Superlativ mit „am")

4 Entscheide, ob groß- oder kleingeschrieben werden muss.

Setze bei Großschreibung (A) und bei Kleinschreibung (B) ein.

1. Man weiß nichts G – g enaues.
2. Das F – f ranzösische oder das L – l ateinische ist häufig die zweite Fremdsprache.
3. Vor dem Urlaub muss ich noch V – v erschiedenes besorgen.
4. Wie kein Z – z weiter vertritt er die Interessen seiner Vereinigung.

5. Bei der Segelregatta geht Maike aufs G – g anze.

6. Trotz eines Handicaps wurde der Skiläufer noch D – d ritter.

7. Mir ist viel B – b edenkliches zu Ohren gekommen.

8. Es wird am K – k lügsten sein, vor Ort nachzufragen.

9. Das B – b lau des Meeres hatte eine faszinierende Wirkung.

10. Im A – a llgemeinen bin ich ein eher schüchterner Mensch.

11. Dem Fußballtrainer schwant wenig E – e rfreuliches.

12. So manches E – e rwähnenswerte ist gesagt worden.

5 **Begründe die Großschreibung bei Übung 4.**

Erläutere, welche Substantivsignale vorliegen.

DAS MUSST DU WISSEN **Weitere Wortarten**

In der Regel schreibt man **Pronomen, Grundzahlen, Adverbien** usw. klein. Aber es gibt bestimmte Ausnahmen:

- Anredepronomen der höflichen Form „Sie“ und das dazugehörige Possessivpronomen „Ihr“ schreibt man immer groß. Anredepronomen der vertrauten Form „du“ und „ihr“ sowie die entsprechenden Possessivpronomen „dein“ und „euer“ schreibt man im Allgemeinen klein. In Briefen können sie allerdings großgeschrieben werden.
- Pronomen, die an die Stelle eines Substantivs treten, werden im Regelfall nur dann großgeschrieben, wenn man sie wie ein Substantiv gebraucht.
- Als Substantiv gebrauchte Grundzahlen, Adverbien, Präpositionen, Konjunktionen und Interjektionen schreibt man ebenfalls groß.

BEISPIEL

Lieber Stefan, grüßen Sie bitte Ihre Schwester von mir.
(Gemeint ist Stefans Schwester.)
Lieber Stefan, gestern traf ich Lotta. Grüßen Sie bitte ihre Schwester von mir.
(Gemeint ist Lottas Schwester.)

Jedem das Seine und mir das Meinige.
Nicht jeder kann im Zeugnis eine Eins erhalten.
Ich bedanke mich herzlich im Voraus.
Über das Warum kann ich Ihnen keine Auskunft geben.
Mit siebzehn fängt das Leben doch erst an, aber Millionen sind anderer Ansicht.

6 Groß- oder Kleinschreibung?

Schreibe die Sätze in der richtigen Schreibweise vollständig auf.

1. Ich habe in der Klassenarbeit eine Z – z wei geschrieben.

2. Das J – j a, das euch euer Lehrer zur Klassenfahrt gegeben hat, gilt weiterhin.

3. Die jährliche Neuverschuldung beträgt 15 M – m illiarden Euro.

4. Ich möchte I – i hnen mein Bedauern über I – i hr Missgeschick ausdrücken.

5. Das W – w ie haben wir nun geklärt, über das O – o b müssen wir noch verhandeln.

6. Dieser Hund ist ein E – e r, keine S – s ie.

7. Das Leben ab F – f ünfzig ist heute wesentlich aktiver als früher.

8. Im N – n achhinein sieht V – v ieles anders aus.

9. Wir möchten I – i hnen mitteilen, dass I – i hr Konto überzogen ist.

10. Lieber Max, ich hoffe, es geht D – d ir gut.

11. Ostfriesen trinken täglich mindestens D – d rei Tassen Tee.

DAS MUSST DU WISSEN **Eigennamen und fest gefügte Ausdrücke**

Grundsätzlich schreibt man Adjektivattribute und Artikel klein, aber es gibt auch hier Ausnahmen:

- Gehört das Adjektiv zu einem Eigennamen oder einem fest zusammengefügten Begriff, schreibt man es groß.
- Artikel innerhalb mehrgliedriger Ausdrücke schreibt man klein. Gehört der Artikel zu dem Eigennamen und ist nicht gebeugt, wird er großgeschrieben.

BEISPIEL

das blaue Meer, aber: das Rote Meer, der Stille Ozean (Eigennamen)

die Vereinigten Staaten von Amerika („Vereinigte“ groß, da zum Eigennamen zählend, „die“ und „von“ klein)

Alexander der Große, der Große Bär, die Hohe Tatra, die Hohen Alliierten Kommissare (Eigennamen bzw. feste Begriffe)

7 Entscheide, ob man groß- oder kleinschreibt.

Notiere die Wörter in der richtigen Schreibweise in der rechten Tabellenspalte.

Als B – b rüllende Vierziger bezeichnet man eine stürmische Gegend um Kap Hoorn.	
War Karl D – d er K – k ahle wirklich kahl?	
Der N – n ahe Osten gilt als politisches Pulverfass.	
Es ist nicht ungefährlich, die H – h eiße Sahara zu durchqueren.	
Der R – r asende Roland ist eine Museumseisenbahn auf der Insel Rügen.	
Der Titel eines berühmten russischen Romans lautet D – d er S – s tille Don.	
Der G – g roße Gatsby ist eine literarische Figur aus einem Roman.	
Im K – k aspischen Meer wütete ein Sturm, es gab mehrere Havarien.	
Wir machen eine Wanderung über den E – e iskalten Gletscher.	
Der N – n iedersächsische Landtag hat ein neues Schulgesetz beschlossen.	
Die B – b blaue Nordsee hat ein großes Wattenmeer.	

DAS MUSST DU WISSEN **Tageszeiten**

Folgende Regelungen gilt es zu beachten:

- Man schreibt alle Tageszeiten nach Adverbien wie „heute“, „gestern“ oder „morgen“ groß.
- Ebenfalls groß schreibt man Komposita (Wortzusammensetzungen) aus einer Wochentags- und einer Tageszeitbezeichnung.
- Klein schreibt man alle Zeitadverbien. Sie enden im Regelfall auf „-s“.

BEISPIEL

morgen Abend, am Mittwochnachmittag, während des Freitagmorgens
abends, vormittags, donnerstagmorgens, sonntagnachmittags, frühmorgens

Vorsicht: *Eines Morgens klingelte der Briefträger zweimal.* „Morgens“ ist eindeutig ein Substantiv, erkennbar an dem davorstehenden unbestimmten Artikel, das „-s“ ist die Kasusendung (Genitiv)!

8 **Groß oder klein? Schreibe die Wörter in die richtige Tabellenspalte auf S. 100.**

1. Wir treffen uns D – d ienstagabend.
2. Jeden M – m orgen kommt die Post.
3. Im Normalfall schlafe ich N – n achts.
4. Wir werden D – d onnerstagnachmittag ein Turnier spielen.
5. Wir essen A – a bends kalt.
6. Des N – n achts sind alle Katzen grau.
7. Ich werde F – f rühmorgens nicht wach.
8. Am F – f reitagabend gehen wir ins Kino.
9. Komme doch N – n achmittags.
10. Des S – s onntagnachmittags ist es gemütlich.
11. Am M – m ittag bin ich müde.
12. Ich gehe Ü – ü bermorgen zum Training.

Großschreibung	Kleinschreibung

9 Entscheide: Groß- oder Kleinschreibung?

Unterstreiche die richtigen Anfangsbuchstaben.

Hinter dem bekannten Begriff Wohnmobil verbirgt sich ein Fahrzeug, das für F – f reizeit und R – r eisen, zum W – w ohnen, K – k ochen und S – s chlafen dient. Wie die Besitzer dieser verhältnismäßig teuren F – f ahrzeuge immer wieder betonen, macht das C – c ampen deshalb F – f reude, weil man völlig U – u nabhängig ist. Ein gutes Wohnmobil garantiert sicheres F – f ahren und bietet G – g roßen K – k omfort. Die Küche ermöglicht warmes E – e ssen. Und Getränke kann man selbstverständlich K – k ühlen. Für das F – f ahren eines Wohnmobils genügt N – n ormalerweise der Pkw-Führerschein. Wohnmobile kann man auch M – m ieten.

4.5 Zusammen- und Getrenntschreibung

DAS MUSST DU WISSEN | **Verb + Verb, Verbindungen mit „sein“**

Hierbei gelten folgende Regelungen:
- Verbindungen aus einem Verb im Infinitiv und einem zweiten Verb schreibt man im Allgemeinen getrennt.
- Verbindungen mit „bleiben“ und „lassen“ dürfen bei einer übertragenen Bedeutung auch zusammengeschrieben werden.
- Verbindungen mit dem Hilfsverb „sein“ schreibt man getrennt.
- Substantivierte Verbindungen mit „sein“ schreibt man zusammen.

BEISPIEL

schreiben üben *arbeiten gehen* *essen kommen* *hören trainieren*

Wenn der Lehrer die Klasse betritt, können die Schüler sitzen bleiben.
Aber: Wenn sich deine Leistungen nicht verbessern, wirst du am Schuljahresende sitzen bleiben/sitzenbleiben. (getrennt oder zusammen)

zufrieden sein *glücklich sein* *fertig sein* *vorhanden sein*

Aber bei Substantivierung: *das Zufriedensein* *das Glücklichsein* *das Fertigsein*

1 Entscheide, ob du zusammen- oder getrennt schreiben musst.

Schreibe die passenden Verben in der richtigen Schreibweise in die Lücken.

Musik – machen *zufrieden – sein*

liegen – bleiben *essen – gehen* *fröhlich – sein*

stehen – bleiben *fahren – üben* *friedlich – sein*

1. Der Fahrlehrer wird mit dir ______.
2. Wenn Max die Akten nicht bearbeitet, werden sie ewig ______.
3. In Weingegenden schätzt man das ______ sehr.
4. Wenn wir nicht zum Tanken fahren, wird unser Auto ______.
5. Heute Abend werden wir zusammen ______.
6. Die Fußballfans werden heute im Stadion hoffentlich ______.
7. Am Wochenende werden wir gemeinsam ______.
8. Mit dem Ergebnis der Klassenarbeit kann ich ganz ______.

DAS MUSST DU WISSEN **Substantiv + Verb**

Bis auf Ausnahmen schreibt man die Verbindungen aus Substantiv und Verb getrennt. Folgende Ausnahmen gibt es:

- Substantivierte Verbindungen aus Substantiv und Verb werden zusammengeschrieben.
- Hat das Substantiv seine eigenständige Bedeutung verloren oder ist es verblasst, schreibt man im Infinitiv und bei den Partizipien zusammen.

BEISPIEL

Fußball spielen *Schlange stehen* *Rollschuh laufen* *Skat kloppen*

Aber: *das Fußballspielen* *das Schlangestehen* *das Skatkloppen*

Verblassung des Substantivs: *eislaufen* *kopfstehen* *standhalten* *teilhaben*

2 Schreibt man getrennt oder zusammen?

Notiere die fett gedruckten Wörter in der richtigen Schreibung.

1. **Das Auto – fahren** ist für mich noch ungewohnt.

2. **Zum Klavier – spielen** gehört sehr viel Übung.

3. Wenn das Wetter schön bleibt, wollen wir heute **Boot – fahren.**

4. Ich möchte **in Übung – bleiben,** um mich nicht zu verschlechtern.

5. Es wird dir noch **leid – tun,** dass du mir nicht geholfen hast.

6. Heute Abend möchten wir **Tango – tanzen.**

7. Der heute **statt – findende** Kongress beginnt um vier Uhr.

8. Ich möchte an dem Seminar **teil – nehmen.**

9. Finn kann wirklich gut **Klavier – spielen.**

10. Rolf muss eine strenge **Diät – halten.**

DAS MUSST DU WISSEN **Adjektiv + Verb**

In der Regel schreibt man auch die Verbindungen aus Adjektiv und Verb getrennt. Folgende Ausnahmen gibt es:

- Wenn sich aus der Verbindung eine neue Bedeutung ergibt, schreibt man das Wort zusammen. Tipp: Achte auf die Betonung der ersten Silbe der Verbindung.
- Sowohl zusammen- als auch getrennt kann geschrieben werden, wenn das Adjektiv ein Ergebnis der Tätigkeit präzisiert, die das Verb ausdrückt.

BEISPIEL

schnell schreiben *griechisch essen* *deutlich formulieren* *hervorragend kochen*

Aber:

schwarzfahren (= keine Fahrkarte benutzen)

hellsehen (= die Zukunft vorhersagen)

kaltstellen (= jemanden um seine Aufstiegschancen bringen)

Beide Schreibweisen möglich: *klein schneiden* *kleinschneiden*

3 Entscheide, ob du getrennt oder zusammenschreiben musst.

Schreibe die passenden Verben in der richtigen Schreibweise in die Lücken.

ausgiebig – essen *häufig – wiederholen* *blank – polieren* *gut – schreiben*
frei – sprechen *fahren – üben* *gut – schreiben* *frei –sprechen*
richtig – stellen *kalt – stellen* *schwarz – sehen*

1. Du musst die englische Aussprache ____________________.
2. Wir werden morgen Mittag ____________________.
3. Dieser Romanautor kann wirklich ____________________.
4. Frieda sollte die silbernen Löffel eigentlich ____________________.
5. Die Bank wird dir den Betrag ____________________.
6. Jörg sollte seinen Vortrag ____________________.
7. Jemand hat die Möbel verrückt, wir wollen sie ____________________.

8. Ich muss den Pudding vor dem Essen noch ______.
9. Man sollte seinen Fernseher anmelden und nicht ______.
10. Der Richter möchte morgen den Angeklagten ______.

DAS MUSST DU WISSEN **Partikel + Verb**

Beachte Folgendes bei diesen Verbindungen:

- Bei Zusammensetzungen von Partikeln (Präpositionen, Konjunktionen, Adverbien) und Verb hilft die Betonungsprobe: Ist nur der erste Bestandteil betont, wird im Regelfall zusammengeschrieben.
- Ergänzend kannst du diese Regel anwenden: Wenn zwischen die beiden Teile der Zusammensetzung ein Satzglied eingefügt werden kann, schreibt man das Wort getrennt.

BEISPIEL

Wir werden alle gemachten Fehler zusammentragen.
(Betonung auf „zusammen“)

Diesen schweren Kasten können wir nur zusammen tragen.
(Betonung auf beiden Wörtern; Anwendung der zweiten Regel)
Diesen schweren Kasten können wir nur zusammen mit viel Mühe tragen.

4 Getrennt- oder Zusammenschreibung?

Schreibe die Wörter in der richtigen Form auf. Erkläre mögliche unterschiedliche Schreibweisen, wenn die Wörter verschiedene Bedeutungen haben können.

voran – bringen *fehl – gehen* *vorweg – nehmen* *wieder – sehen*
entgegen – stehen *entgegen – gehen* *dabei – bleiben* *zuvor – kommen*

5 **Entscheide, ob du getrennt oder zusammenschreiben musst.**

Schreibe die fett gedruckten Wörter richtig auf.

1. Die Tee-Ernte ist dieses Jahr gut **aus – gefallen.**
2. Man sollte niemanden **hinter – gehen.**
3. Den Hammer kann man gut **hand – haben.**
4. Das Flugzeug hat die Schallmauer **durch – brochen.**
5. Der Läufer ist langsam **zurück – gefallen.**
6. Wir werden mit dem Zug **heim – fahren.**
7. Du wirst deine Brieffreundin am Montag **kennen – lernen.**
8. Handwerker sollten grundsätzlich nicht **schwarz – arbeiten.**
9. Ein Gürtel muss locker sitzen, damit man bequem **fern – sehen** kann.
10. Die Bank wird mir den Betrag **gut – schreiben.**
11. Wir können einen Teil des Schulweges **zusammen – laufen.**
12. Bei Prüfungen muss man sich **zusammen – nehmen**.

4.6 Fremdwörter richtig schreiben

DAS MUSST DU WISSEN

Fremdwörter stammten früher vor allem aus dem Griechischen, Lateinischen und Französischen, heute hauptsächlich aus dem Englischen.
Achte auf folgende Regelungen:

- Aus dem „ph" in gebräuchlichen Fremdwörtern wird im Regelfall „f".
- Aus dem wie „z" ausgesprochenen „t" in gebräuchlichen Fremdwörtern wird häufig „z".
- Aus „c" in Fremdwörtern wird bei Eindeutschung je nach ursprünglicher Aussprache entweder „k" oder „z".
- Fachvokabular für neue Produkte und Techniken wird entsprechend der fremdsprachlichen Regelung geschrieben. Allerdings gilt die Großschreibung für aus dem Englischen übernommene Substantive.

1 **Entscheide über die richtige Schreibweise. Notiere die Wörter in deinem Heft.**

differen-t z-iell   F f-irst L l-ady   Fris-eu ö-r   Saxo-ph f-on

Ph F-armazeut   D d-inner   K C-opie   Z C-enter

Vibra-ph f-on   P p-eace   Tele-ph f-on   sensa-t z-ionell

H h-ardware   K C-olosseum   Telegra-ph f   Opposi-t z-ion

K C-oopera-z t-ion   B b-ookmark   Assozia-t z-ion

Pen-c z-il   F f-lyer   B b- rowser   E e-M m-ail   C K-lown

C K-ode   c z-irka   S-auce oße

2 Bestimme die Herkunft der folgenden Wörter mithilfe eines Wörterbuches.

Fremdwort	Herkunft/Bedeutung
Addition	
Edukation	
Entertainment	
Inflation	
Parapluie	
Rhinozeros	
Kontor	
Software	
Sultan	
Trauma	

4.7 Trennungsregeln beachten

DAS MUSST DU WISSEN

Die wichtigste Regel lautet: Im Deutschen trennt man nach Sprechsilben. Wenn du unsicher bist, sprich das Wort laut und klatsche den Silbenrhythmus mit.

Achte auch auf folgende Besonderheiten:

- Zusammengesetzte Wörter solltest du beim Trennen in die ursprünglichen Einzelwörter zerlegen und auch ganze Vorsilben abtrennen.
- Bei mehreren Konsonantenbuchstaben kommt der letzte auf die neue Zeile.
- ch, sch, und ck (sowie in Fremdwörtern th, ph rh und sh) bleiben stets zusammen.
- st und sp trennt man nach Sprechsilben z. B.: *Wes-te*, *Wes-pe, künst-lich*.
- Einzelne Vokale am Wortanfang oder -ende werden nicht abgetrennt.

1 **Trenne die folgenden Wörter mit senkrechten Linien.**

Klassenbuch *Schreibheft* *Tageslichtprojektor* *vorlesen*

versehen *abwischen* *entgehen* *beraten* *schwammig*

Schifffahrt *massiv* *rennen* *Hecke* *Flasche* *blicken*

Rüschen *hecheln* *Einstiegsthema* *Amateurfotografie* *hastig*

lustig *Feste* *Lasten* *Rüstung* *listig* *Brauerei*

2 **Trenne alle Wörter so genau wie möglich. Überlege bei jeder einzelnen Trennung, welche Regel anzuwenden ist.**

Der Trainer gönnte seinen erschöpften Sportlern eine kurze Pause.

Er mutete dem schlechteren Torwart ein Sondertraining zu.

Im Urlaub malten die Kinder schöne Bilder.

Nach den Ferien schenkten sie sie ihren Großeltern und anderen Verwandten.

Test

1 Entscheide, ob eine Dehnung oder Schärfung vorliegt. Unterstreiche die richtigen Buchstaben.

Liebe Hanna,

viele Grü-ß- ss- s-e von unserer Kla-ß- ss- s-enreise. Gerade, als wir angerei-ß- ss- s-t waren, ri-ß- ss- s mein Ru-ck- k-sack- k-riemen! Ich schle-pp- p-te ihn mü -h- sam die Tre-pp- p-e hinauf. Meine Schlafgeno-ss- s-in Petra ist se-h-r eigenwi-ll- l-ig und ge-h-t keinen überflü-ss- s-igen Schri-tt- t. Heute habe ich den Tisch gede-ck- k-t, das le-h-nt sie ab! Aber ich denke, ich werde sie noch le-h-ren, mir zu helfen.

Deine Gabi

2 Setze „das“ oder „dass“ richtig ein.

Das Haus, ______ im Park liegt, ist so von Efeu umrankt, ______ man seine Fenster nicht sehen kann. ______ wirkt so unheimlich, ______ ich im Dunkeln kaum vorbeigehen mag, obwohl ______ ja eigentlich albern ist. ______ sagt mein Vater auch, aber er meint auch, ______ wir bei Dunkelheit lieber vorsichtig sein sollen, auf ______ kein Unfall geschieht. Meine Freundin schaltet nie die Fahrradbeleuchtung ein, ______ finde ich sehr leichtsinnig, schließlich hat ______ Fahrrad eine funktionierende Beleuchtung. Neulich musste sie so stark bremsen, ______ sie fast über den Lenker gestürzt wäre, aber ohne ______ Versäumnis ihrerseits hätte sie der Autofahrer rechtzeitig gesehen.

3 Trenne die folgenden Wörter durch senkrechte Linien.

Abendessen Stolpersteine Computer Watschelgang Steuerruder Blumenvase Kapitänsmütze Rechtschreibwörterbuch Steuererklärung Antragsformular Hundekuchen Festessen Himbeermarmelade

4 **In dem folgenden Text hängen (fast) alle Wörter zusammen. Schreibe ihn richtig in dein Heft ab.**

Achte auf die Groß- und Klein- sowie die Zusammen- und Getrenntschreibung.

Straßenfest

amsiebzehntenoktoberfeiertdiekanalstraßeeingroßartigesstraßenfest,

zudem wiederhundertevonmenschenhingehenwerden. wirwohnenzwarinderhohen gasse,

abertrotzdemdrängtesmichdorthin. ichmöchtenichtzuhausehängen undnurfernsehen.

irgendetwas, zumbeispielkegelschiebenoderballwerfen, wirdmichschonzufriedenstellen.

leidermussmananjederbudeschlangestehen.

hoffentlichbegegnetmirdortnichtdergroßspurige

nachbarssohnoderderdummdreistemarc, dermichimmerbeiseitenimmt,

wennihmnachstreitzumuteist. ich werdenachannaausschauhalten, weilsiesogutaussieht.

aberauchmitritawürde ichvorliebnehmen. sieistzwaroftwehklagendunddenkfaul,

imgroßenundganzenjedocheinumgänglichertyp. dochjetztwillichnichtlängerüberlegen.

aufallefällefahreichdorthinundwerdeeinezeitlangbleiben.

5 **Entscheide dich für die richtige Schreibweise der Fremdwörter. Schreibe sie in dein Heft.**

Jana und Lea gehen beide auf das G-y- i- ü-mnasium. Mit ihrer Freundin kann Jana eine ganze Stunde lang über ein T-h-ema dis-k- c-utieren, ohne dass es stupi-e-de wird. Beide intere-ss- s-ieren sich für das Sa-x- ks-so-ph-f-on. Beide haben auch sonst ähnliche Hobb-y- i-s. Beide tragen gerne J-ea- ie-ns, in beiden Zimmern herrscht oft das gleiche Ch- K-aos. Beide wollen entweder Ingeni-eu- ö-r werden oder etwas Künstlerisches machen, zum Beispiel Regiss-eu- ö-r.

Besser in

Deutsch Lösungsheft

Cornelsen SCRIPTOR

7. Klasse
Gymnasium

1 Texte schreiben

1.1 Inhaltsangabe

Übung 1 Seite 7

Formulierungen, die Spannung erzeugen: plötzlich, aufgeregt, endlich, urplötzlich.
Wörtliche Rede: „Kinder, hütet euch vor dem bösen Wolf."/„Schaut mal, die schwarzen Pfoten!"/„Mama, der Wolf hat meine Geschwister gefressen!"/„Ich habe es! Wir füllen den Bauch des Wolfes mit Steinen und nähen ihn wieder zu."/„Nanu, ich fühle mich ja so schwer und müde, [...], um etwas zu trinken."
Unwichtiges: „[...] suchen und suchen den lieben langen Tag."/„Die Kinder überlegen lange [...]"
Wertende Formulierungen: schlaue Ziege/Das finde ich ungerecht und brutal./Das geschieht ihm recht, warum ist er auch so gierig./das spannende Märchen/So erhält er seine gerechte Strafe.
Fehlender Teil der Handlung: Es wird nicht deutlich, wie der Wolf letztlich ins Haus kommt.

Übung 2 Seite 8

Vorschlag:
Das Märchen „Der Wolf und die sieben Geißlein" handelt von einem Wolf, der versucht, Ziegenkinder aufzufressen.
Die Ziegenmutter muss ihre Kinder allein lassen und warnt sie vor dem Wolf. Nach einiger Zeit kommt er tatsächlich und will ins Haus gelassen werden. Die Kinder erkennen ihn aber an seiner rauen Stimme. Der Wolf isst Kreide, um seine Stimme aufzuhellen. Aber auch beim zweiten Versuch erkennen ihn die Kinder an seinen schwarzen Pfoten. Der Wolf lässt sie sich mit Mehl und Teig weißen. Beim dritten Versuch lassen ihn die Kinder herein. Er frisst alle bis auf das kleinste, das sich im Uhrenkasten versteckt, und legt sich draußen auf einer Wiese schlafen.
Als die Mutter heimkehrt, erzählt ihr das Jüngste von dem Vorfall. Sie finden den Wolf und schneiden ihm den Bauch auf. Die anderen sechs Kinder hüpfen unversehrt aus dem Bauch heraus.
Die Ziegen füllen den Bauch des Wolfes mit Steinen und nähen ihn wieder zu. Als der Wolf nach dem Aufwachen seinen Durst stillen will, fällt er wegen der Steine in den Brunnen und ertrinkt.

Übung 5 Seite 9

Vorschlag:
Der Zeitungsartikel „Die letzten Zeilen im treibenden Postsack" handelt von einem Schiffsunglück im Jahr 1895 und der Entdeckung des Schiffswracks 1993.
Am 30.1.1895 hat der deutsche Schnelldampfer „Elbe" auf dem Weg nach New York im Ärmelkanal ein anderes Schiff gerammt und ist innerhalb von 20 Minuten gesunken. 332 Menschen sind im eiskalten Wasser ertrunken, nur 20 haben überlebt. Das ist eine der schlimmsten Schiffskatastrophen vor dem Untergang der Titanic gewesen.
Erst 1993 ist das Wrack entdeckt worden. Taucher haben fast unversehrtes Tafelgeschirr, Nippes und Lampen geborgen.
Der zweite Textteil handelt von Käthe Johst, 1921 geboren, der Enkelin des Kapitäns. Frau Johst hütet in ihrem privaten Archiv viele Dokumente

über die Geschichte der „Elbe“ sowie ihrer eigenen Familie. Sie besitzt auch den letzten Brief ihres Großvaters, der in einem Postsack an der Unglücksstelle aus dem Wasser gefischt worden ist.

Übung 7 Seite 12

Vorschlag:

Inhaltsangabe zu „Zeus und das Pferd“

In der Fabel „Zeus und das Pferd“ von G. E. Lessing überzeugt der Göttervater das Tier, mit seinem Aussehen zufrieden zu sein.

Das Pferd ist zu Zeus, dem obersten Gott, gekommen, um sich über sein Aussehen zu beklagen.

Es hätte gerne höhere Beine, einen langen Hals, eine breite Brust und einen natürlichen Sattel.

Zeus schafft daraufhin das Kamel. Das Pferd ist jedoch entsetzt von diesem Anblick.

Zeus macht das Pferd darauf aufmerksam, dass er das Geschöpf nach seinen Angaben geschaffen habe, und zeigt dem Pferd so, dass es zufrieden mit seinem Äußeren sein sollte.

Stellungnahme: Die Fabel ist lehrreich und unterhaltsam. Zeus macht dem Pferd mit seinem Trick anschaulich klar, wie es nach seinen eigenen Wünschen aussehen würde.

Sie enthält eine Moral: Man soll zufrieden sein mit dem, was man hat.

Man kann die Moral der Fabel gut auf den Alltag übertragen.

1.2 Berichten

Übung 2 Seite 13

Was? Schwerer Verkehrsunfall mit hohen Sachschäden; **Wann?** Gestern; **Wo?** Keine Angabe; **Wer?** Lkw-Fahrer; **Wie?** Der Lkw prallte auf einige parkende Autos, überfuhr dann einen Hydranten, durchbrach einen Gartenzaun und landete in einem Vorgarten. Das Wasser aus dem Hydranten drang in den Lagerkeller eines Schuhgeschäfts ein.

Warum? Der Lkw-Fahrer war offensichtlich übermüdet. **Fehlende und ungenau dargestellte Informationen:** Überschrift fehlt; Zeit und Ortsangaben sind ungenau bzw. fehlen.

Übung 3 Seite 13

Vorschlag:

- Was sie sagte, war oft unverständlich.
  Sie sprach leise, murmelte, gab manchmal unzusammenhängende Laute von sich.
- Er durchblätterte die Akte der Frau, sah zur Gerichtsschreiberin und der Krankenschwester herüber ...
- 45-jährige Frau
- ... dass sie Windeln tragen musste.
- Eine geisteskranke Frau. „Downsyndrom“ stand in ihrer Akte.
- ... nun sollte er sie entmündigen, in ein Heim schicken, weil sie nicht mehr für sich sorgen konnte.
- im Sitzungssaal
- Er hatte keine andere Möglichkeit, als die Frau zu entmündigen, und das tat er dann auch.

Übung 4 Seite 15

Vorschlag:

45-jährige Frau von Gericht entmündigt

Am Mittwoch, dem 28.11., wurde die am Downsyndrom leidende 45-jährige Frau Maria W. entmündigt. Am Oberlandesgericht Münster entschied der zuständige Richter Wolfgang Müller, dass Maria W. aufgrund ihrer geistigen Behinderung nicht geschäftsfähig ist. Als Vormund bestimmte Richter Müller ein Heim. Diese Maßnahme war notwendig geworden, da Maria W.s Mutter kürzlich verstorben war und sie keine weiteren direkten Angehörigen hat. Während der Verhandlung zeigte Maria W. keine Anteilnahme an der Situation. Sie wird in den nächsten Tagen – unterstützt von einer Krankenschwester – in das Heim ziehen.

1.3 Beschreiben

Übungen 1 und 2 Seite 16

kursiv = zur Hundebeschreibung, <u>unterstrichen</u> = gehört nicht zur Beschreibung

grobe Halskette mit einer Öse/Siegelring mit den Buchstaben AL/<u>schüchtern</u>/weinroter Baumwollpullover/*hängt sehr an seinem Frauchen*/Annette Langler/schulterlanges blondes Haar/<u>hört gerne Folkmusik</u>/*gehorcht auf Pfiff*/17 Jahre alt/modische Nickelbrille/168 cm groß/*stubenrein*/Sommersprossen/trägt einen grünen Faltenrock/*jagt gerne schwarze Katzen*/lispelt stark/graugrüne schmale Augen/weiß-blaue Turnschuhe/*spitze Schnauze*/schlank/*langes, braunes Fell*/ zurückhaltend und leise/Leberfleck auf der linken Wange/ovales Gesicht/vergisst häufig das Pausenbrot/*frisst am liebsten Leberwurst*

Übung 2 Seite 16

Name: Annette Langler; **Geschlecht:** weiblich; **Alter:** 17 Jahre; **Gestalt (Aussehen, Figur, Größe):** schulterlanges blondes Haar, 168 cm groß, Sommersprossen, graugrüne schmale Augen, ovales Gesicht, schlank
Bekleidung: Siegelring mit den Buchstaben AL; weinroter Baumwollpullover, modische Nickelbrille, trägt einen grünen Faltenrock, weiß-blaue Turnschuhe; **Besondere Kennzeichen:** Sommersprossen, Leberfleck auf linker Wange, lispelt

Übung 3 Seite 17

Vorschlag:
Annette Langler wird polizeilich gesucht. Das Mädchen ist 17 Jahre alt, 168 cm groß und schlank. Annette Langler hat schulterlanges blondes Haar, ein ovales Gesicht und graugrüne, schmale Augen. Sie trägt eine modische Nickelbrille und einen Siegelring mit den Buchstaben AL. Bekleidet ist sie mit einem weinroten Baumwollpullover, einem grünen Faltenrock und weißblauen Turnschuhen. Besondere Kennzeichen: Sie hat Sommersprossen und einen Leberfleck auf der linken Wange, sie lispelt stark.

Übung 6 Seite 18

Vorschlag:
Die Schleuse ist ein technisches Bauwerk, mit dessen Hilfe Schiffe Höhenunterschiede auf einem Schifffahrtsweg überwinden können. Eine Schleuse besteht aus einem großen Becken, der Schleusenkammer, das mit zwei Schleusentoren verschlossen werden kann. Von oben sieht man, dass beide Tore abwechselnd geschlossen sind. Von der Seite sieht man, dass der Wasserstand links und rechts der Schleuse unterschiedlich hoch ist.

Übung 8 Seite 21

Vorschlag:
So funktioniert die Schleuse, wenn ein Schiff von einem höher gelegenen Gewässer in ein niedriger gelegenes Gewässer gehoben werden soll: Das Schiff fährt durch das geöffnete Schleusentor in die Schleusenkammer. Anschließend wird das vom Schiff aus gesehene hintere Schleusentor geschlossen. Das vordere Schleusentor wird einen kleinen Spalt geöffnet, sodass das Wasser langsam aus der Schleusenkammer abfließen kann. Das Schiff sinkt mit dem in der Schleuse sinkenden Wasserspiegel ab. Wenn der Wasserstand in der Schleusenkammer den Wasserstand des niedrigeren Gewässers erreicht hat, wird das vordere Schleusentor vollständig geöffnet und das Schiff kann die Schleusenkammer verlassen.
So funktioniert die Schleuse, wenn ein Schiff von einem niedriger gelegenen Gewässer in ein höher gelegenes Gewässer gehoben werden soll: Auch hier fährt das Schiff durch das geöffnete Schleusentor in die Schleusenkammer. Anschließend wird das vom Schiff aus gesehene hintere Schleusentor geschlossen. Das vordere Schleusentor wird einen kleinen Spalt geöffnet, sodass das Wasser langsam in die Schleusenkammer fließen kann. Das Schiff steigt mit dem in der Schleuse steigenden Wasserspiegel an. Wenn der Wasserstand in der Schleusenkammer den Wasserstand des höher gelegenen Gewässers erreicht hat, wird das vordere Schleusentor vollständig geöffnet und das Schiff kann die Schleusenkammer verlassen.

Übung 9 Seite 21

Vorschlag:
Die Schleusenkammer im U-Boot hat zwei wasserdichte Türen: eine zum Inneren des U-Bootes, eine nach außen zum Meer. Der Taucher betritt die Kammer von innen aus dem U-Boot. Dann wird die innere Schleusentür verschlossen. Die äußere Schleusentür wird einen Spalt geöffnet, sodass sich die Kammer langsam mit Wasser füllen kann. Ist die Kammer gefüllt, wird die Außentür vollständig geöffnet und der Taucher kann das U-Boot verlassen.

1.4 Argumentieren

Übung 1 Seite 22

1. B/ 2. T / 3. B / 4. T / 5. A / 6. T / 7. A / 8. T / 9. A / 10. B

Übung 2 Seite 23

Vorschlag:

1. **Kampfhunde:** Denn viele Kampfhundbesitzer haben ihren Hund nicht unter Kontrolle.
   Beispiel: In Zeitungsmeldungen wird immer wieder über Unfälle mit Kampfhunden berichtet, bei denen Menschen erheblich verletzt werden.
2. **Fast Food:** Denn Fast Food enthält zu viele Kalorien und zu wenig Ballaststoffe und Vitamine.
   Beispiel: Viele Amerikaner essen zu viel Fast Food und sind zu dick.
3. **Laute Musik:** Denn auf Dauer wird das Trommelfell geschädigt.
   Beispiel: Untersuchungen zeigen, dass immer mehr Menschen, die viele Konzerte und häufig Discos ohne Hörschutz besuchen, unter Hörschäden leiden.

Übung 4 Seite 24

1. Der Leser hält Werder Bremen für die klar bessere Mannschaft. Werder Bremen muss mehr Selbstvertrauen entwickeln.
2. Werder Bremen ist seit Jahrzehnten die fußballerische Nummer 1 im Norden.
3. Die einzigen echten Konkurrenten sind Bayern München und die Mannschaften der Champions League.

Übung 5 Seite 25

Der Leser stellt Behauptungen auf, aber führt keine Beispiele an. Der Autor hätte von eigenen Erfahrungen als Zuschauer berichten können. Er hätte mithilfe von Statistiken über die Spielergebnisse der letzten Jahre seine Ansicht noch besser belegen können, z. B. mit den Ergebnissen der letzten Jahre von Werder Bremen im Vergleich zu den anderen norddeutschen Bundesligaclubs. Außerdem hätte er sich auf das Urteil anderer Fachleute (Trainer, Sportjournalisten) berufen können.

Übung 7 Seite 25

Ausgangsthese	Pro – für die Zeugnisnotenabschaffung	Kontra – gegen die Zeugnisnotenabschaffung
These (Behauptung)	Noten sind ungerecht, weil die Lehrer verschiedene Maßstäbe haben.	Noten sind gerecht, weil die Lehrer an feste Regeln gebunden sind.
Argument (Begründung)	Lehrer geben Noten nach persönlicher Sympathie.	Lehrer bemühen sich um Objektivität.
Argument (Begründung)	Zeugnisnoten sagen nichts aus über späteren Berufserfolg.	Zeugnisnoten sind für Ausbildung und Berufswahl wichtig.
Beispiel (eigener Erfahrungsbereich)	Berufung auf von dir selber gemachte schlechte Erfahrungen	Berufung auf von dir selber gemachte gute Erfahrungen
Beispiel (fremde Quelle)	z. B. Zeitungstext: gute Erfahrungen an einer IGS ohne Ziffernnoten	z. B. Zeitungstext: Firmen können bei der Auswahl von Bewerbern nicht auf Zeugnisnoten verzichten.

Übung 9 Seite 26

Vorschlag:

Liebe Mütter,

Sie bringen eine Kampagne zum Stillstand, die Ihnen sehr viel Nutzen und gar keinen Aufwand bringt. Durch mein Kochprogramm lernen Ihre Kinder, sich vernünftig zu ernähren und dabei abzunehmen - und das ganz umsonst für Sie. Durch leckeres Essen, das aber viele Vitamine und dafür weniger Fett enthält, werden die Jugendlichen richtig fit.

Sicher ist es nicht einfach, Teenager heutzutage zu vernünftigem Essverhalten zu erziehen, aber Hand aufs Herz: Können Sie wirklich verantworten, dass aus ihren Kindern dicke, träge und insbesondere leistungsschwache Herumhänger werden?! Geben Sie sich einen Ruck und unterstützen Sie meine Kampagne. Ihre Kinder werden es Ihnen in Zukunft danken!

Liebe Schüler,

Eure Mütter bringen eine Kampagne zum Stillstand, die Euch sehr viel Nutzen bringt.

Durch mein Kochprogramm lernt Ihr, Euch vernünftig zu ernähren - und das ganz umsonst.

Durch das leckere Essen, das viele Vitamine und dafür weniger Fett enthält, werdet Ihr richtig fit.

Ihr wollt doch nicht wirklich als träge Couch-Potatoes Euer Leben vertun und mit spätestens 40 keine Treppe mehr hinauflaufen können? Wollt Ihr wirklich all die Gefahren und Risiken, die Junk Food mit sich bringt, auf Euch nehmen?

Vergesst Hamburger und Donuts. Schließt euch meiner Kampagne an! Bleibt fit und aktiv, genießt Euer Leben.

1.5 Texte umformen

Übungen 1 bis 3 Seite 27/28

Personen: Vater, Sohn, 1–2 Freunde, Schwester

Szenen: 1. Szene Küche (Vater geht zwischendurch kurz nach draußen, damit der Sohn den Kuchenturm aufbauen kann)/2. Szene: Auftritt Freunde/3. Szene abends, Schlafzimmer der Schwester

Notwendige Informationen: Der Vater muss dem Sohn zu Anfang deutlich die Anweisung geben, den Kuchen auf einen Kuchenteller zu legen.

Regieanweisungen: Der Zuschauer muss die Höhe und Wackeligkeit des Kuchenturmes sehen können.

Übungen 5 und 6 Seite 29

Überlege genau: Du bist 10 Jahre alt und dein Text muss von dem Verständnisvermögen eines Zehnjährigen ausgehen.

Eines musst du für dich erst einmal grundsätzlich klären: Will der Junge den Vater absichtlich ärgern oder ist er tatsächlich nicht auf die Idee gekommen, einen größeren Teller zu nehmen? - Von dieser Entscheidung hängt die weitere Erzählung ab.

Schreibe auch: Was denkt der Junge, während der Vater mit ihm schimpft?

Was geht in dem Jungen vor, während die Freunde des Vaters ihn verteidigen?

Wie kommt der Zehnjährige zu der Berufsentscheidung und was wird aus seiner Absage an den Soldatenberuf über sein Verhältnis zum Vater deutlich?

Übungen 8 und 9 Seite 31

Der Höhepunkt kann nur aus der Auflösung des Rätsels bestehen. Zunächst musst du dir also eine spannende Erklärung ausdenken. Folgende Möglichkeiten könnte es z. B. geben:

1. **Übernatürliche Erklärungen:** Finn ist unsterblich oder lebt zumindest schon sehr lange. Finn ist Opfer einer Zeitreise und in die Zukunft gelangt. Finn kann in der Zeit hin- und herspringen.
2. **Natürliche Erklärungen:** In Finns Familie vererben sich Ähnlichkeiten sehr stark und die Person auf dem Bild ist Finns Urur...großvater. Die Ähnlichkeit ist rein zufällig (das wäre allerdings die unbefriedigendste und am wenigsten spannende Lösung).

Test

Übung 1 Seite 32

Einleitungssatz mit Angaben zum Autor, Titel und Thema; Nebensächlichkeiten weglassen, nur genaue sachliche Informationen; Erzählschritte beibehalten; keine Wertungen, keine Spannung erzeugen; keine wörtliche Rede; Erzählzeit: Gegenwart im Präsens, Vorzeitigkeit im Perfekt

Übung 2 Seite 32

Der Zeitungsartikel „Schule muss auch erziehen" berichtet davon, dass die KMK einstimmig beschlossen hat, Kopfnoten in deutschen Schulen wiedereinzuführen. Schule muss nicht nur Wissen, sondern auch wichtige Kulturtugenden wie z. B. Fleiß lehren. Das Arbeits- und das Sozialverhalten wird vom nächsten Schuljahr an benotet. Ob das in Form einer Ziffernnote oder einer Beschreibung geschieht, bleibt den Bundesländern überlassen.

Übung 3 Seite 32

Ziel: überzeugen; eigene Meinung (These) formulieren und mit Argumenten und Beispielen belegen; Schlusssatz als Zusammenfassung der Gedanken

Übung 4 Seite 33

Vorschlag:

Sehr geehrte Damen und Herren,
nicht umsonst sind in Deutschland die Kopfnoten in den 1970er-Jahren abgeschafft worden! Die Argumente, die damals für die Abschaffung galten, haben bis heute nichts von ihrer Gültigkeit verloren:

- Sie haben nichts mit der fachlichen Leistung zu tun, und nur darum geht es in der Schule.
- Sie sind „Gesinnungsnoten", die nicht tatsächlich erbrachte Leistung, sondern Verhalten und Einstellung beurteilen.
- Jeder Lehrer hat subjektive Vorurteile gegen bestimmte Verhaltensweisen: Der eine z. B. ist überempfindlich gegen Lautstärke, der andere gegen Schüler, die aus dem Fenster gucken. Diese Vorurteile werden in ungerechte und ungerechtfertigte Noten gegossen.

Um eine gute Kopfnote zu erhalten, muss der Schüler also nicht Leistung und Charakterstärke zeigen, sondern sich dem jeweiligen Lehrer anpassen, und das heißt: Kopfnoten erziehen die Schüler zum Duckmäusertum oder zum Schauspielern.
Mit freundlichen Grüßen

Übung 5 Seite 33

Ein Bericht antwortet auf die W-Fragen: Was?, Wann?, Wo?, Wer?, Wie?, Warum?

Übung 6 Seite 33

Vorschlag:

Willms-Gesamtschule wird Banana-Modellschule

Die Willms-Gesamtschule in Oberdorf hats geschafft: Der Computerhersteller Banana sponsert der Schule ab sofort nicht nur kostenlos zwölf nagelneue Computer inklusive Software, an denen die Schüler in Zukunft selbstständig arbeiten und eigene Erfahrungen machen können, sondern hat sich auch langfristig finanziell verpflichtet: Alle künftigen Wartungsarbeiten an den Rechnern werden von Banana übernommen. Und die Firma geht noch einen Schritt weiter: Wenn die Computer in einigen Jahren nicht mehr zeitgemäß sind, werden der Schule kostenlos neue Geräte zur Verfügung gestellt. Schulleiter Schulze sprach auf Nachfrage eines unserer Redakteure von einem großen Schritt, den die Schule auf dem Weg in das IT-Zeitalter zurückgelegt habe. Einem modernen Unterricht unter Einbezug modernster IT-Technik stehe jetzt nichts mehr im Wege.

Übung 7 Seite 33

Angaben zu Namen, Geschlecht, Alter, Gestalt, Gesicht, Bekleidung, besonderen Kennzeichen

Übung 8 Seite 33

Das Bild zeigt das achtzehnjährige Mädchen Sophie von vorn.
Die Schülerin ist 165 cm groß und schlank. Sie hat schulterlange, glatte braune Haare und einen Mittelscheitel. Sie hat ein längliches Gesicht.
Die Nase ist gerade, schmal und klein. Sie hat braune Augen.
Sie trägt eine Jeans und ein gelbes T-Shirt. Ihre Turnschuhe sind weiß-blau. Sophie hat eine rote, eckige Metallbrille.
Besondere Kennzeichen sind: eine auffällige Zahnlücke zwischen den Vorderzähnen und ein Leberfleck auf dem Kinn.

2.1 Sich informieren

Übung 2 Seite 36

Buch gefunden: beim Stichwort „Walfang“ bei Wikipedia unter der Überschrift „Motiv in der Literatur“

Das Buch heißt: Moby Dick. **Es handelt von:** dem Pottwal Moby Dick, den der besessene Kapitän Ahab töten möchte.

Übung 3 Seite 36

Lebensdaten: 1.8.1819 bis 28.9.1891
Herkunftsland: USA
Erscheinungsjahr des Buches „Typee“: 1846

Übung 4 Seite 36

Beispiel:
Daniel Göske (Hrsg.): Herman Melville. Ein Leben, München 2006

Übung 6 Seite 37

Du suchst	Hier wirst du fündig
Erste Informationen zum Thema „Globalisierung“	Lexikon, Enzyklopädie
Veröffentlichungen eines bestimmten Autors	(Internet-)Katalog in Bibliothek
Informationen zu Autoren, z. B. über das Leben Bertolt Brechts	(Internet-)Katalog in Bibliothek für Biografien, kürzere Informationen im Internet, z. B. bei Wikipedia
Informationen zu aktuellen Ereignissen, z. B. Bahnstreik	Zeitung

2.2 Texte strukturieren und auswerten

Übung 2 Seite 39

Vorschlag:
Schlüsselwörter: Umsetzen von Schriftzeichen/lautes Vorlesen/Deutung von Spuren/auflesen, auslesen, erlesen, Federn lesen/Grundsäule des Informationsaustausches/Lesekompetenz = Grundfähigkeit/Königsweg zur Bildung/Nachdenken über das Gelesene

Übung 5 Seite 40

Pflichtfach Benimm
Gerade sitzen, Ohren spitzen

So geht Old School (Schule der alten Art):
Ein britisches Internat macht gutes Benehmen zum Pflichtfach für alle Schüler ab 13 Jahren. Der Rektor lädt die Jugendlichen einzeln zum Dinner (festliches Abendessen) ein, sein Vize (Stellvertreter) bringt ihnen Bügeln bei. Auch auf dem Lehrplan: Eierkochen für Fortgeschrittene.

Benimm ist künftig Pflichtunterricht am privaten Brighton College (Name der Schule) im Süden Großbritanniens. Alle Internatsschüler ab 13 Jahren sollen einmal pro Woche lernen, wie sie sich bei Tisch ordentlich benehmen, aber auch wie ein Hemd gebügelt oder ein Ei gekocht wird.
So sollen sie fit gemacht werden für das gesellschaftliche Leben, sagte Schulleiter Richard Cairns.
Ausschlaggebend für das neue Fach sei eine im Dezember veröffentlichte Umfrage unter Führungspersönlichkeiten gewesen, wonach junge Schulabgänger unhöflich seien und nicht wüssten, wie sie sich in der Gesellschaft richtig zu benehmen hätten. „Früher haben sie das zu Hause gelernt“, so Cairns.
Der Schulleiter verdonnerte nun das gesamte Kollegium des Internats, sich am neuen Fach zu beteiligen.
Sein Stellvertreter wird vorführen, wie ein Hemd gebügelt wird, ein Aufseher soll zeigen, wie eine Fliege (ähnlich wie ein Schlips) gebunden wird, und der Küchenchef soll sechs Varianten für die Zubereitung eines Eis demonstrieren.
Tischmanieren (Benehmen bei Tisch, beim gemeinsamen Essen) will der Schuldirektor persönlich beibringen. Dafür will er nach und nach jeden Zögling zu sich nach Hause einladen. „Jeder Schüler bekommt eine schriftliche Einladung, auf die er auch schriftlich antworten muss – nicht per E-Mail, SMS oder Telefon“, betont Cairns.

Übung 6 Seite 41

Vorschlag:

Richtiges Benehmen wird in einem privaten Internat in Großbritannien Pflichtfach. Da heutige Schüler nach einer Umfrage keine Manieren mehr haben, sollen sie Tischsitten, aber auch Fähigkeiten wie Bügeln oder Kochen künftig in der Schule erwerben. Der Schulleiter lädt alle zur Überprüfung zu sich zum festlichen Essen ein.

2.3 Zeitungsberichte verstehen

Übung 2 Seite 44

Petition: kommt von lateinisch „petere" = bitten und bedeutet so viel wie „Ich bitte, dass Sie sich um mein Problem/meine Frage kümmern." Schriftliche Petitionen sind also Anträge oder Gesuche. In Deutschland z. B. kann sich jeder Bürger mit Petitionen an den Bundes- oder Landtag wenden.

Aktivist: Jemanden, der sich überdurchschnittlich für eine Sache engagiert, nennt man Aktivist. Hier ist zusätzlich gemeint: jemand, der hauptberuflich für die Umweltschutzorganisation Sea-Shepherd arbeitet.

Übung 4 Seite 44

Vorschlag:

Sinnabschnitte – Überschriften: Die Ausgangslage/Festnahme von zwei Männern/mögliche Übergabe mit Bedingungen/Japan ruft Australien zu Hilfe/Japan fängt widerrechtlich Wale/Sea-Shepherd feiert Aktion als Erfolg/Greenpeace lehnt die Aktion ab /Australien vermittelt im Konflikt

Übung 6 Seite 45

Vorschlag:

Im Zeitungsartikel „Walfang" aus der Süddeutschen Zeitung geht es um eine Aktion der Umweltschutzorganisation Sea-Shepherd gegen den Walfang.

Trotz internationalen Verbots des Walfangs wollen die Japaner 1 000 Wale töten. Zwei Aktivisten von Sea-Shepherd sind auf das japanische Walfangboot Yushin Maru II geklettert, um eine Petition gegen den Walfang zu übergeben. Der Kapitän des Bootes beschuldigt sie der Piraterie und hält sie gefangen. Auf öffentlichen Druck hin würden die Japaner die beiden Aktivisten zwar freilassen, aber nur unter der Bedingung, dass Sea-Shepherd die Proteste einstellt und den Walfang nicht weiter filmt.

Sea-Shepherd möchte nicht darauf eingehen und bezichtigt umgekehrt die Japaner der Piraterie und der Geiselnahme. Die Organisation feiert den Einsatz als Erfolg, da der Walfang der Japaner gestört und vor allem Zeit gewonnen wird. Die Umweltschutzorganisation Greenpeace, die sich ebenfalls gegen den Walfang der Japaner einsetzt, lehnt die Aktionen von Sea-Shepherd allerdings als illegal und gewalttätig ab.

Nun bemüht sich die australische Regierung um Vermittlung bei diesem Konflikt. Das australische Zollschiff Oceanic Viking soll die beiden Aktivisten von Sea-Shepherd aufnehmen.

Übung 7 Seiten 45/46

1. Die japanischen Walfänger halten die beiden Aktivisten für Piraten, weil sie widerrechtlich ihr Schiff geentert und betreten haben.
2. Sea-Shepherd ist mit der Aktion zufrieden, weil die Walfänger vom Jagen der Wale abgehalten werden.
3. Greenpeace ist gegen die Aktion. Für diese Umweltschutzorganisation ist das Betreten eines ausländischen Schiffes „illegal" und „gewalttätig".
4. Die Überschrift spielt mit unseren Erwartungen: Bei „Walkampf" erwarten wir eigentlich „Wahlkampf", also den politischen Kampf von Parteien bei Wahlen. Dass es hier um die bedrohte Tierart geht, regt erst recht zum Lesen an.

2.4 Diagramme verstehen

Übung 1 Seite 48

1. Das Balkendiagramm zeigt auf, wie viele Wale von Japan im Zeitraum von 1987 bis 2006 zu wissenschaftlichen Zwecken getötet wurden.
2. Auf der x-Achse sind die Jahre von 1987 bis 2006 eingetragen, auf der y-Achse die Anzahl der getöteten Wale in 100er-Schritten.

3. Die Anzahl der getöteten Wale stieg innerhalb der 20 Jahre trotz des internationalen Walfangverbots von 273 auf 866 Tiere kontinuierlich an und verdreifachte sich. Das Jahr 2005 fällt aus dem Rahmen, da hier über 1200 Wale gefangen wurden.

Übung 2 Seite 49

siehe Übung 1

2.5. Erzählende Texte verstehen

Übung 2 Seite 51

Die Geschichte ist in der Er-Form geschrieben. Textstelle: „Er zuckte zusammen und sah sich um.“ (Zeile 7)

Übung 3 Seite 51

Es handelt sich um einen personalen Erzähler. Er greift nicht in die Handlung ein und erzählt aus Sams Sicht.

Übung 4 Seite 51

Vorschlag:

Die Geschichte „Nachts im Museum“ handelt von Sam, dem Nachtwächter. Sam möchte um 12 Uhr seinen Dienst beenden, als eine Tür zuknallt. Er erschrickt entsetzlich, denn in einem Gemälde hockt plötzlich eine schwarze Gestalt, die vorher nicht da gewesen ist. Er geht durchs Museum und verrriegelt alle Türen und Fenster. Telefon und Licht funktionieren nicht. Er sucht eine Kerze, doch als er sie anzünden will, gibt es einen Knall, sodass er sie vor Schreck fallen lässt. Durch einen Türspalt fällt Licht. Als er die Tür öffnet, sieht er eine schwebende Frau in Weiß und eine weitere Gestalt. Er blickt an sich herunter und bemerkt, dass seine Kleidung mit Ruß geschwärzt ist. Zufällig fällt sein Blick auf eine Glasscherbe und er sieht ein unmenschliches Gesicht. Er beginnt zu schreien.

Übung 6 Seite 53

Äußeres Erscheinungsbild: altmodische hohe Schuhe, Schraubenzieher am Hals, silbernes Kettchen mit der Jungfrau Maria, grobknochig, mittelbraune Haare, ausladender Hinterkopf
Lebensumstände: Einzelkind, Halbwaise, Schüler
Eigenschaften und Verhalten: schwitzt beim Sport nicht; macht Sportübungen der Besten mit, aber nicht besonders erfolgreich; „würgt“ siebenunddreißig Kniewellen, ist also nicht besonders sportlich, dafür ehrgeizig

Übung 8 Seite 53

Mahlke, Halbwaise und Schüler, wächst vaterlos als einziges Kind auf.
Er ist grob gebaut, hat mittelbraune Haare und einen ausladenden Hinterkopf. Außerdem trägt er immer einen Schraubenzieher an einem Schnürsenkel um den Hals und ein silbernes Kettchen mit der Jungfrau Maria sowie etwas zu hohe, altmodische Schuhe. Durch diese Besonderheiten wirkt Mahlke etwas lächerlich.
Er ist offensichtlich sehr ehrgeizig und bemüht, der beste Sportler zu sein, auch wenn er dabei, zumindest im Turnunterricht, keine gute oder gar elegante Figur macht. Er schafft zwar zwei Kniewellen mehr als der Klassenbeste, aber er „würgt“ sich um die Reckstange. Dadurch und weil das silberne Kettchen mit der Jungfrau Maria ihm voraus durch die Luft schleudert, wirken seine Bemühungen eher komisch.

Test

Übung 1 Seite 54

Du suchst	Hier wirst du fündig
Erste Informationen zum Thema „Klimawandel"	Lexikon, Enzyklopädie
Informationen zu Autoren, z. B. über das Leben Max Frischs	(Internet-)Katalog in Bibliothek für Biografien, kürzere Informationen im Internet z. B. bei Wikipedia
Informationen zu aktuellen Ereignissen, z. B. Bahnstreik	Zeitung

Übung 2 Seite 54

lesen, unbekannte oder unklare Begriffe unterstreichen und klären; wichtige Aussagen unterstreichen; Schlüsselwörter unterstreichen

Übung 3 Seite 54

In manchen Gebieten wurde in den letzten Jahrzehnten so viel gefischt, dass etliche Bestände fast zusammengebrochen sind. In der Nordsee gibt es zum Beispiel bei der Seezunge, beim Seeteufel und besonders beim Kabeljau erhebliche Probleme. Der Kaiser-Granat in der Biskaya ist eine weitere Art, die zu stark befischt wurde. Der Zustand der Fischbestände ist alarmierend, das ist überhaupt keine Frage. Der Fischereidruck der Schiffe der Europäischen Union ist zu groß gewesen, unter anderem deshalb, weil es zu viele Fangschiffe gibt. (...)
Die Fischer der EU sägen sich selbst den Ast ab, auf dem sie sitzen, wenn sie weiter wie bisher überfischen. Wenn es in Zukunft keine Fische mehr gäbe, wären auch die Fischer arbeitslos. Wir wollen daher die Flotte der Europäischen Union den Fischbeständen anpassen. (...) EU-Mittel und nationale Gelder müssen in Zukunft so eingesetzt werden, dass die Fischerei nachhaltig wird."

Lösungsvorschlag für Schritt 1 beim Markieren (vgl. S. 39):
Seeteufel, Seezunge, Kabeljau, Kaiser-Granat: Fischsorten; überfischen: zu viel Fisch fangen; nachhaltig: (bedeutet hier) in einer bestimmten Zeiteinheit nur so viel fischen, wie gleichzeitig an Jungfischen nachwachsen kann, der Gesamtbestand an Fischen also nicht gefährdet ist.

Übung 4 Seite 55

Viele Fischbestände sind gefährdet oder fast ausgestorben, weil es zu viele Fangschiffe gibt. Die Fischflotte der EU muss den Fischbeständen angepasst werden und die Europäische Union Geldmittel so einsetzen, dass die Fischerei nachhaltig wird.

Übung 5 Seite 55

1. Tortendiagramm
2. Ergebnisse der Landtagswahl in Niedersachsen im Januar 2008 in Prozentangaben
3. Diagramm gilt für die Wahl im Januar 2008

Übung 6 Seite 55

Das Tortendiagramm zeigt die Wahlergebnisse der Landtagswahl in Niedersachsen im Januar 2008 in Prozentangaben. Die CDU hat mit 42,5 % die meisten Stimmen erhalten. Die SPD bekam als zweitstärkste Partei 30,3 % der Stimmen. Die kleineren Parteien schnitten bei der Landtagswahl mit ähnlichen Ergebnissen ab: Die FDP erhielt 8,2 %, die Grünen erhielten 8,0 % und die Linke 7,1 %. Die restlichen Stimmen entfielen auf sonstige Parteien.

Übungen 7 und 8 Seite 55

Textstellen wie „Tullas Gesicht" oder die Verwendung von „sie" zeigen, dass der Text in der Sie-Form geschrieben ist.

3.1 Aktiv und Passiv

Übung 1 Seite 56

Aktiv = ________ Passiv = ~~~~~~~~

Vor einem Jahr bin ich dem Tischtennisverein beigetreten. Ich wollte mein Spiel verbessern. Ich wurde sofort von einem älteren Spieler unterstützt. Er hat mich intensiv trainiert. Beim ersten Auswärtsturnier wurde ich von ihm im Auto mitgenommen. Leider bin ich gleich in der ersten Runde ausgeschieden. Trotzdem hat er mich gelobt, weil ich nicht gleich aufgegeben habe. Das Training wurde einige Wochen später umgestellt. Seitdem legen wir mehr Wert auf gute Kondition. Von Herrn Schröder, unserem Trainer, wurde ich gestern gerade gelobt, weil sich meine Ausdauer stark verbessert hat. Wir haben im Sommer ein richtiges Trainingslager abgehalten. Dort wurde jeden Tag kräftig Kondition und Spieltaktik eingeübt. Dieses Training hat sich bezahlt gemacht. Im letzten Punktspiel sind wir von keinem Gegner geschlagen worden. Das letzte Mal wurde ich von dem Vereinsmeister der benachbarten Landeshauptstadt geschlagen, aber unseren eigenen Meister habe ich schon zwei Mal besiegt.

Übung 2 Seite 57

Personalform	Präsens	Perfekt	Präteritum	Plusquamperfekt	Futur I
1. Person Singular	ich werde ermahnt	ich bin ermahnt worden	ich wurde ermahnt	ich war ermahnt worden	ich werde ermahnt werden
2. Person Singular	du wirst ermahnt	du bist ermahnt worden	du wurdest ermahnt	du warst ermahnt worden	du wirst ermahnt werden
3. Person Singular	er wird ermahnt	er ist ermahnt worden	er wurde ermahnt	er war ermahnt worden	er wird ermahnt werden
1. Person Plural	wir werden ermahnt	wir sind ermahnt worden	wir wurden ermahnt	wir waren ermahnt worden	wir werden ermahnt werden
2. Person Plural	ihr werdet ermahnt	ihr seid ermahnt worden	ihr wurdet ermahnt	ihr wart ermahnt worden	ihr werdet ermahnt werden
3. Person Plural	sie werden ermahnt	sie sind ermahnt worden	sie wurden ermahnt	sie waren ermahnt worden	sie werden ermahnt werden

Übung 3 Seite 58

Transitiv sind: verbessern, kaufen, kleben, parieren, schlagen, verlieren, empfehlen, unterschätzen, vorbereiten, anstreben, üben, ansehen

Übung 4 Seite 59

Damit mein Spiel verbessert wird, wurde von mir ein neuer Tischtennisschläger gekauft. Von dem Verkäufer in dem Sportgeschäft sind zwei verschiedene Beläge auf die beiden Schlägerseiten geklebt worden. Mit der schwarzen Seite werden von mir die Angriffe des Gegenspielers pariert. (...) Drei Gegner wurden geschlagen, zwei Spiele wurden verloren. Uns allen wurde vom Trainer empfohlen, dass die Gegner nicht unterschätzt werden. (...) Jedes Spiel wird von mir sorgfältig vorbereitet, (...). Nächstes Jahr wird von mir die Vereinsmeisterschaft angestrebt werden, aber das klappt nur, wenn von mir kräftig geübt wird. Der Vereinspokal ist von mir schon einmal heimlich genau angesehen worden.

Übung 5 Seite 59

1. Ein Modellschiff aus Papier wurde (war) von Fritz gebastelt (worden).
2. Der Weg ist dem Autofahrer von einem freundlichen Polizisten erklärt worden.
3. Hanna, die im Rollstuhl sitzen muss, wird (ist) von Finn gezogen (worden).
4. Ein Preis wird dem besten Aufsatzschreiber morgen von unserem Lehrer verliehen werden.
5. Die Spielregeln waren den Spielern von dem Schiedsrichter zu Spielbeginn erklärt worden.
6. Ein Geburtstagsgeschenk wird von Sebastian nächste Woche seinem Freund gebracht werden.
7. Das Kreuzworträtsel wird (ist) von dir in Rekordzeit gelöst (worden).
8. Das Halsband ist von unserem Hund beim Waldspaziergang verloren worden.
9. Die eiskalte Cola wurde (war) von Janina und Niels mit einem Schluck heruntergestürzt (worden).
10. Das Tor wird (ist) von euch vier Jungs vorsichtig zurückgetragen (worden).

Übung 6 Seite 60

1. Der Tischtennisschläger wird oft zwischen dem Daumen und dem Zeigefinger gehalten.
2. Dies wird „Penholder-Stil“ genannt.
3. Der Ball wird häufig angeschnitten, sodass er eine Drehung bekommt.
4. Manchmal wird die Netzoberkante berührt.
5. Es wird laut geklatscht, um die Spieler zu unterstützen.
6. In manchen Hallen werden die Spieler oft geblendet.
7. In anderen Hallen dagegen wird meist für eine einwandfreie Beleuchtung gesorgt.
8. Manchmal wird der Gegner lautstark angesprochen, um ihn zu verwirren.
9. Dieses unfaire Verhalten wird dann unterbunden.
10. Nach dem Turnier werden die Sieger gefeiert.
11. Zur Rückfahrt wird der Zug benutzt.
12. Im Zug werden die Spieler um Autogramme gebeten.

3.2 Konjunktiv

Übung 1 Seite 61

1. Peter sagte im März, dass Schalke 04 niemals absteige. (Auch möglich: ... Schalke 04 steige niemals ab.)
2. Heute steht in der Zeitung, dass Schalke 04 momentan in einem Leistungstief stecke, daran ändere auch das langwierige Training nichts.
3. Der Trainer äußerte anschließend den Wunsch, dass er im nächsten Jahr erfolgreicher sein müsse.
4. Schon vor fünf Jahren hat mir mein Vater erklärt, dass er überhaupt keinen Sport möge.
5. Da sagte ich zu ihm, da entgehe ihm einiges.
6. Er antwortete mir, dass er sich eben für andere Dinge interessiere.

Übungen 2 und 3 Seiten 62/63

Indikativ Präsens	Konjunktiv I (bzw. II)
Sie sagt: „Ich komme.“	Sie sagt, sie käme.
Sie sagt: „Du kommst.“	Sie sagt, du kommest.
Sie sagt: „Er kommt.“	Sie sagt, er komme.
Sie sagt: „Wir kommen.“	Sie sagt, wir kämen.
Sie sagt: „Ihr kommt.“	Sie sagt, ihr kämt.
Sie sagt: „Sie kommen.“	Sie sagt, sie kämen.

Indikativ Perfekt	Konjunktiv I (bzw. II)
Sie sagt: „Ich habe gegessen.“	Sie sagt, sie habe gegessen.
Sie sagt: „Du hast gegessen.“	Sie sagt, du habest gegessen.
Sie sagt: „Sie hat gegessen.“	Sie sagt, sie habe gegessen.
Sie sagt: „Wir haben gegessen.“	Sie sagt, wir hätten gegessen.
Sie sagt: „Ihr habt gegessen.“	Sie sagt, ihr hättet gegessen.

Indikativ Perfekt	Konjunktiv I (bzw. II)
Sie sagt: „Sie haben gegessen.“	Sie sagt, sie hätten gegessen.

Übung 4 Seite 63

	Indirekte Rede (Konjunktiv I und II)
	Er behauptet, ...
1.	... er erbe viel Geld.
2.	... sie kämen morgen.
3.	... ich hätte dich nicht beleidigt.
4.	... sie dürfe hierbleiben.
5.	... er werde mir die Wahrheit sagen.
6.	... er höre nicht zu.
7.	... sie sei hilfsbereit gewesen.
8.	... er sei der beste Sportler seiner Schule.
9.	... er wohne wieder zu Hause.
10.	... sie seien auch dort.

Übung 5 Seite 64

Indikativ	Konjunktiv II bzw. Umschreibung mit „würde“
ich ging	ich ginge
du träumtest	du würdest träumen
er schwamm	er schwömme/er schwämme
wir wünschten	wir würden wünschen
ihr sagtet	ihr würdet sagen
sie gingen	sie würden gehen
du liefst	du würdest laufen
sie zweifelten	sie würden zweifeln
ich glaubte	ich würde glauben
ihr kamt	ihr kämt

Übung 6 Seite 65

	Indirekte Rede (Konjunktiv I bzw. Konjunktiv II)	Wunsch (Konjunktiv II, Umschreibung mit „würde“)
	Er meint, ...	Ich wünschte, ...
1.	sie habe gut gesungen.	sie hätte gut gesungen.
2.	ich hätte Mut.	ich hätte Mut.
3.	wir kämen nicht.	wir kämen nicht.
4.	du könntest zusehen.	du könntest zusehen.
5.	er lerne ihn kennen.	er würde ihn kennenlernen.
6.	wir seien rechtzeitig gekommen.	wir wären rechtzeitig gekommen.
7.	er wolle die Arbeit schaffen.	er würde die Arbeit schaffen wollen.
8.	sie hätten Glück.	sie hätten Glück.
9.	du seist mir behilflich.	du wärst mir behilflich.
10.	bald beginne der Film.	bald begänne/begönne der Film.

3.3 Sprachvarianten untersuchen

Übung 1 Seite 67

Begriff	Denotation *(Vorschläge)*	Konnotation *(Vorschläge)*
Spinne	sechsbeiniges Insekt	negativ: löst Ekel aus
Nacht	Zeitspanne von abends bis morgens	negativ: Angst, Gefahr, Gruseln, Einsamkeit positiv: romantische Gefühle
Kreuz	zwei rechtwinklig zueinander stehende, ungleich lange Stangen	positiv: christliches Symbol, das Leid und Schmerz, Opfer und Vergebung meint
Arbeitgeber	Unternehmer, der Arbeitnehmer beschäftigt	positiv: ein Mensch, der anderen Arbeit gibt
plaudern	mit jemandem reden	leicht negativ: jemand, der unaufhörlich Unwichtiges von sich gibt, eben eine „Plaudertasche"
diskutieren	Meinungen austauschen	positiv: jemand, der mit anderen ernsthaft und sachlich über ein wichtiges Thema redet
schlicht	einfach, unkompliziert	negativ: „schlichtes Gemüt" positiv: „schlichtes Design"
karg	einfach, ärmlich	negativ: ein „karges Mahl" ist ärmlich
Buch	eine Anzahl von gebundenen, bedruckten Blättern	neutral: das Buch zum Lesen
Schwarte	dicke Haut, Speckschwarte	negativ: ein Buch, das man ungern liest oder gelesen hat – dick, langatmig, uninteressant, veraltet

Übung 3 Seite 68

Textausschnitt	Konnotation
leidenschaftlicher und raschlebiger Sommer	neutral: Sommer mit vielen Ereignissen, der dadurch schnell vergeht
schwüle Mondnächte … schwüle Regennächte	negativ: drückendes, feuchtes und dadurch unangenehmes Klima
fiebern … die Wochen	negativ: mit Fieber ist man krank, schläft und bekommt nicht viel mit, z. B. Fieberwahn
sank tief und schwindelnd … hinab	negativ: so hoch und steil gelegen, dass einem schwindelig wird, Schwindel ist unangenehm
tief durchschattetes Gewühl	positiv: natürlich angelegter Garten mit vielen Bäumen negativ: unübersichtlicher, dunkler Garten
blaßspiegelnd die großen blechernen Blätter	negativ: Blätter wirken in der Mondnacht wie Blech und spiegeln das Mondlicht; Metall wirkt kalt

Textausschnitt	Konnotation
inniger Zitronengeruch	positiv: Geruch bekommt menschliche Eigenschaft, heißt hier intensiv, Zitronen riechen frisch und angenehm
gepeinigte Stimme	negativ: die Stimme hört sich gequält und unangenehm an

Übung 4 Seite 69

1. „wie Gold“ – Der Vergleich mit einem kostbaren Edelmetall wertet das Auto auf.
2. „Nussschale“ – Ein Sinnbild für die Gefahr: mit einem winzigen Gefährt sollte man nicht auf dem riesigen See fahren.
3. „steht auf“ – Bedeutet hier im übertragenen Sinn „mag Sara“, „ist in sie verliebt“.
4. „am Fuß des Berges“ – Die Füße sind bei Menschen und Tieren unten, das gilt auch für den Berg.
5. „bleich wie Elfenbein“ – Der Vergleich mit einem nicht nur kostbaren, sondern auch edel aussehenden Material wertet das Gesicht auf.
6. „blitzschnell“ (auch „schnell wie der Blitz“) – Der nur Sekundenbruchteile dauernde Blitz verdeutlicht extreme Schnelligkeit.

Übung 6 Seite 70/71

Metapher	Herkunftsbereich	Bedeutung im Textzusammenhang
niederprasselt	Wetter: starker Regen prasselt nieder	viele Prognosen, die durch die Menge unangenehm werden
Schmierstoff	Auto, Technik: dient der Verbesserung des Antriebs	hier Antrieb für Wohltaten gemeint
Dämpfer	Auto, Technik: schwächt Stöße ab	Abschwächung der Freude über das Wachstum
mediales Freudenfeuer	Medien: Fernsehen, Zeitungen, Zeitschriften, Radio mediales Freudenfeuer: Wortneuschöpfung	in den Medien positive Nachrichten verbreiten
Steuerquelle	Wortneuschöpfung: Finanzbereich, Natur	Steuern fließen unaufhörlich nach
schwarze Zahlen	Redensart: schwarze Zahlen schreiben	Gewinn machen
Schuldenberg	Wortneuschöpfung: Finanzbereich, Geografie	viele aufgehäufte Schulden
Konjunkturhimmel	Wortneuschöpfung: Finanzbereich, Wetter	gemeint ist hier die wirtschaftliche Entwicklung, also Konjunktur

Übung 7 Seite 71

Beispiele:

Wohlfühlzeit – Konnotation positiv: Zeit, in der man sich wohlfühlt.

drastisch – Konnotation negativ: Wer drastisch vorgeht, nimmt keinerlei Rücksicht und verliert das richtige Augenmaß.

Gewinngier – Konnotation negativ: Wer gierig ist, befriedigt seine Bedürfnisse ohne jede Rücksicht auf andere.

3.4 Haupt- und Nebensätze

Übung 1 Seite 72

Der Lehrer schreibt an die Tafel. Die Schüler stöhnen leise. Die Schulzeit am Morgen dauert ewig. Mein Klassenkamerad neben mir redet ohne Pause. Das Klingelzeichen ertönt endlich. Der Pausenhof füllt sich schnell.

Übung 2 Seite 72

(In den kursiv gesetzten Sätzen steht das Prädikat am Satzende, es handelt sich also um Nebensätze.)

Wollt ihr am Wochenende ins Kino oder lieber in die Disco?

Max will nicht mitkommen, er weiß nicht, *ob er den Film schon gesehen hat*.

Petra hat keine Ahnung, *wo die Kinokarten geblieben sind*.

Ich rate euch, sucht diese Karten endlich!

Habt ihr sie jetzt endlich gefunden oder seid ihr immer noch bei der Suche?

Es ist aber sehr fraglich, *ob wir jetzt noch rechtzeitig ins Kino kommen*.

Übungen 3 und 4 Seite 73

Weil ein Orkan über der Nordsee tobte, gerieten einige Schiffe in Seenot. Der Sturm knickte etliche Bäume um, während er über das Festland fegte.

Da im Rundfunk vor dem Sturm gewarnt worden war, wagten sich nur wenige Menschen ins Freie. Weil Bäume auf Autos stürzten, entstand ein hoher Sachschaden. Nachdem der Sturm nachgelassen hatte, konnte man erst das ganze Ausmaß des Schadens, der sehr beträchtlich war, abschätzen. Die Geschädigten, die hauptsächlich direkt an der Küste wohnen, können sich glücklich schätzen, wenn sie eine Sturmversicherung abgeschlossen haben.

3.5 Nebensätze bestimmen

Übung 1 Seite 74

Eine Schulfreundin, die ich schon seit der ersten Klasse kenne, hat einen jüngeren Bruder, der immer versucht, uns zu ärgern. Gestern hat er in meine Schultasche, die auf dem Flur stand, eine matschige Tomate gesteckt. Diese Tomate, von der sich teilweise schon die Haut gelöst hatte, hat mein neues Etui, das ich gerade zum Geburtstag bekommen hatte, verschmutzt. Meine Freundin hat noch einen Bruder, der älter ist. Der Große hat dem Kleinen, der auch ihn schon öfter geärgert hat, ordentlich seine Meinung gesagt.

Übungen 2 und 3 Seite 76/77

Limonaden-Joe zerrte an seinem Colt, obwohl seine Finger ganz zitterig waren (Konzessivsatz). „Ich brauche unbedingt eine Limo, damit ich wieder in Form komme" (Finalsatz), dachte er, während er auf den Saloon zuschritt (Temporalsatz). Bevor er zur Tür hineingehen konnte (Temporalsatz), flogen ihm schon zwei Cowboys entgegen. „Wenn das so weitergeht (Konditionalsatz), ist der Saloon bald leer", dachte Joe, „sodass ich mich wohl beeilen muss (Konsekutivsatz), bevor die gute Stimmung vorbei ist (Temporalsatz)." Er ging in den Saloon, indem er die Schwingtüren mit den Schultern aufdrückte (Modalsatz). Er sah sofort, wo Calamity-Jim saß (Lokalsatz), weil dort das Gegröle am lautesten war (Kausalsatz). Er sagte zu dem Barmixer, ohne dass er Jim aus den Augen ließ (Konsekutivsatz):

„Eine Limo!" Obgleich bis zu diesem Augenblick ein Höllenlärm geherrscht hatte (Konzessivsatz), wurde es sofort still im Saloon. Joes auffällige Eigenart war allgemein bekannt, sodass jeder wusste (Konsekutivsatz), dass dieser Fremde nur Limonaden-Joe sein konnte (Konsekutivsatz), obwohl ihn keiner im Saloon persönlich kannte (Konzessivsatz). Sobald Joe die Limo getrunken hatte (Temporalsatz), ging es ihm besser. Er sagte in die Totenstille hinein: „Sofern niemand etwas dagegen hat (Konditionalsatz), werde ich mit Jim die Sache unter Männern regeln.“ Niemand hatte etwas dagegen, denn jeder wusste genau (Kausalsatz), wo in Tombstone der Friedhof lag (Lokalsatz). Joe sagte: „Also, Calamity-Jim, wenn du mir mein Kuscheltier nicht sofort wiedergibst (Konditionalsatz), werde ich dich niemals mehr mit meiner Modelleisenbahn spielen lassen.“

Übung 4 Seite 77

Lokalsatz: Ich habe keine Ahnung, wohin der Schatz verschwunden ist.
Temporalsatz: Viola geht gerne spazieren, während es regnet.
Modalsatz: Wir bereiten uns sorgfältig auf das Konzert vor, indem wir jeden Tag üben.
Kausalsatz: Ich gehe gerne bei Regen spazieren, weil ich den Regen sehr mag.
Konditionalsatz: Auch meine Freundin Dörte spaziert gerne im Regen, wenn die Temperaturen richtig hoch sind.
Konsekutivsatz: Ich werde heute nicht mehr fertig werden, sodass ich auf die Arbeit nicht gut vorbereitet bin.
Finalsatz: Ich werde die halbe Nacht durcharbeiten, damit ich auf die Arbeit perfekt vorbereitet sein werde.
Konzessivsatz: Obwohl wegen des starken Regens die Bäche übergelaufen sind, ist unser Keller trocken geblieben.

Übung 5 Seite 79

Wir empfehlen dir sehr, dass du auch einen einfachen Infinitiv durch ein Komma abtrennst. Die Abtrennung des Infinitivs durch ein Komma ist sinnvoll, damit die Satzstruktur deutlicher gemacht wird. Die Rechtschreibregeln erlauben es, dass der einfache Infinitiv nicht durch Komma abgetrennt wird. Es hat aber keinen Sinn, dass man sich darüber streitet, denn die Rechtschreibkommission hat die Regelung so beschlossen. Es ist also jedem freigestellt, ob er ein Komma setzt oder nicht.

Übung 6 Seite 79

1. Wir empfehlen dir sehr(,) auch einen einfachen Infinitiv durch ein Komma abzutrennen.
2. Die Abtrennung des Infinitivs durch ein Komma ist sinnvoll, um die Satzstruktur deutlicher zu machen.
3. Aber die Rechtschreibregeln erlauben es, den einfachen Infinitiv nicht durch Komma abzutrennen.
4. Es hat aber keinen Sinn, sich darüber zu streiten, denn die Rechtschreibkommission hat die Regelung so beschlossen.
5. Es ist also jedem freigestellt, ein Komma bei einfachem Infinitiv zu setzen oder nicht.

Übung 7 Seite 80

Als wir am Meer angekommen waren, nahmen wir sofort ein Bad. Während er nach allen Seiten aufmerksam den Strand beobachtete, kam der Bademeister auf uns zu. Indem er energisch den Kopf schüttelte, machte er uns deutlich, dass er mit unserem Bad nicht einverstanden war. Während er aus vollem Halse schimpfte, kam er schnell auf uns zu. Als wir aus dem Wasser gekommen waren, sahen wir die Tafel mit den Badezeiten.

Übung 8 Seite 80

Am Meer angekommen(,) nahmen wir sofort ein Bad. Nach allen Seiten aufmerksam den Strand beobachtend(,) kam der Bademeister auf uns zu. Energisch den Kopf schüttelnd(,) machte er uns deutlich, dass er mit unserem Bad nicht einverstanden war. Aus vollem Halse schimpfend(,) kam er schnell auf uns zu. Aus dem Wasser gekommen(,) sahen wir die Tafel mit den Badezeiten.

Übung 9 Seite 80

1. Indem es vorsichtig nach allen Seiten lauscht, läuft das Reh auf die Lichtung.
2. Anna betritt die Klasse, während sie einen geleerten Papierkorb trägt.
3. Nachdem wir in der Ferienwohnung angekommen waren, machten wir es uns erst einmal gemütlich.
4. Der Lehrer kommt in das Lehrerzimmer, während er noch über einen gerade gehörten Witz lacht.

5. Nachdem er gerade erst im Lotto gewonnen hatte, hatte Ernst das Geld auch schon wieder ausgegeben.
6. Während er das Mittagsessen aufwärmt, schreibt Michael auch noch schnell eine SMS.

3.6 Umformung von Nebensätzen

Übung 1 Seite 81

1. Die in Weiß gekleidete und durch Verletzungspech geschwächte Fußballmannschaft verlor das Spiel.
2. Heute ist mir ein auf einem Fuß hinkender und entsetzlich laut krächzender Papagei zugeflogen.
3. Insgesamt sieben unaufhörlich und schrill bellende Dackel und ein Bernhardiner rasten hinter der Katze her.
4. Ein Lexikon ist eine feine Sache, wenn man es nicht in der zu Hause auf dem Schreibtisch stehenden Tasche gelassen hat.
5. Ich verkehre mit meinem Bruder bekannten Prominenten.
6. Ein auf der Bremer Seite der bereits abgefahrenen Fähre nachgesprungener Mann fiel in die Weser.
7. Ein auf meinem Schulschreibtisch herumliegendes Bestellformular für ein teures Mikroskop versetzt mich in Unruhe.
8. Ein dickleibiges, schweres und ziemlich angestaubtes Buch liegt oben auf der Kommode.

Übung 2 Seite 81

1. Die Fußballmannschaft, die in Weiß gekleidet und durch Verletzungspech geschwächt war, verlor das Spiel.
2. Heute ist mir ein Papagei zugeflogen, der auf einem Fuß hinkt und entsetzlich laut krächzt.
3. Insgesamt sieben Dackel, die unaufhörlich und schrill bellten, und ein Bernhardiner rasten hinter der Katze her.
4. Ein Lexikon ist eine feine Sache, wenn man es nicht in der Tasche, die zu Hause auf dem Schreibtisch steht, gelassen hat.
5. Ich verkehre mit Prominenten, die meinem Bruder bekannt sind.
6. Ein Mann, der auf der Bremer Seite der bereits abgefahrenen Fähre nachgesprungen war, fiel in die Weser.
7. Ein Bestellformular für ein teures Mikroskop, das sich auf meinen Schulschreibtisch verirrt hat, versetzt mich in Unruhe.
8. Ein Buch, das dickleibig, schwer und ziemlich angestaubt ist, liegt oben auf der Kommode.

Übung 3 Seite 81

1. Das Geschäft ist geschlossen, weil der Inhaber krank ist.
2. Der Wettbewerb beginnt, wenn die Sonne aufgeht.
3. Herbert trainiert jeden Tag, damit er in die richtige Wettkampfform kommt.
4. Obwohl heftiger Regen fällt, spielen die Kinder draußen in der Sandkiste.
5. Fritz ahnt, bevor der Film zu Ende ist, schon den Ausgang.
6. Meiner Tochter ist, obwohl sie sehr vorsichtig war, die EC-Karte gestohlen worden.
7. Da die Vorstellung ausverkauft ist, gibt es keine Eintrittskarten mehr.
8. Obgleich das Wetter eher kalt und regnerisch ist, hat das Freibad geöffnet.

Übung 4 Seite 81

1. Das Geschäft ist wegen Krankheit des Inhabers geschlossen.
2. Der Wettbewerb beginnt bei Sonnenaufgang.
3. Für die richtige Wettkampfform trainiert Herbert jeden Tag.
4. Trotz heftigen Regens spielen die Kinder draußen in der Sandkiste.
5. Fritz ahnt vor dem Ende des Films schon den Ausgang.
6. Trotz großer Vorsicht ist meiner Tochter die EC-Karte gestohlen worden.
7. Wegen Ausverkaufs der Vorstellung gibt es keine Eintrittskarten mehr.
8. Trotz des eher kalten und regnerischen Wetters hat das Freibad geöffnet.

Test

Übung 1 Seite 82

Der letzte Tante-Emma-Laden unserer Stadt wird von einer alten Dame geführt. Sie ist schon 76 Jahre alt, fährt aber immer noch jeden Morgen zum Großmarkt. Die Obstkisten allerdings werden ihr von einem netten Helfer ins Auto getragen. Jeden Tag pünktlich um 7 Uhr schließt sie den Laden auf. Am Wochenende fährt sie selber zu ihrer Tochter nach Bremen. Ab Montag steht sie dann wieder hinter der Ladentheke, und jeder Kunde wird eigenhändig von ihr bedient.

Übung 2 Seite 82

Grobian Gerhardsen, der seit zwei Wochen Meister im ostfriesischen Dreikampf ist, kann mit sich selber nicht zufrieden sein, da er gestern an der Verbesserung des Weltrekords deutlich scheiterte. Obwohl er in der Disziplin „Teebeutelweitwurf" einen Teebeutel mit doppelter Füllung nahm, gelang ihm keine neue Bestmarke. Einige Zuschauer, die den Sicherheitsabstand nicht eingehalten hatten, entgingen nur knapp einer Verletzung, indem sie schnellstens aus der Wurfzone flohen. Weil es die Tage vorher stark geregnet hatte, endete auch die zweite Disziplin kläglich. Beim Grabenweitsprung blieb der Stab mitten im Graben stecken, sodass Grobian in den Graben rutschte. Er wurde dabei völlig durchnässt. Das Torfstechen als dritte Disziplin musste völlig ausfallen, da kein Spaten zu finden war.

Übung 3 Seite 82

Grobian Gerhardsen, seit zwei Wochen Meister im ostfriesischen Dreikampf, kann mit sich selber nicht zufrieden sein, da er gestern an der Verbesserung des Weltrekords deutlich scheiterte. Trotz doppelter Füllung des Teebeutels gelang ihm in der Disziplin „Teebeutelweitwurf" keine neue Bestmarke. Einige den Sicherheitsabstand nicht einhaltende Zuschauer entgingen durch schnelle Flucht aus der Wurfzone nur knapp einer Verletzung. Wegen des starken Regens die Tage vorher endete auch die zweite Disziplin kläglich. Beim Grabenweitsprung blieb der Stab mitten im Graben stecken, sodass Grobian in den Graben rutschte. Er wurde dabei völlig durchnässt. Das Torfstechen als dritte Disziplin musste wegen eines fehlenden Spatens völlig ausfallen.

Übung 4 Seite 83

Vor dem Wettkampf äußerte sich Grobian im Interview, er werde (K I) die gleiche Teesorte wie beim letzten Versuch nehmen. Der Stab für den Grabenweitsprung sei (K I) sehr dünn und elastisch. Er hoffe (K I), dass dieser der Belastung standhalte (K I). Das Torfstechen sei (K I) seine Spezialdisziplin. Wenn er einen guten Spaten erhalte (K I), könne (K I) nichts schiefgehen.

Übung 5 Seite 83

Im anschließenden Interview kommentierte Gerhardsen sein Scheitern: „Hätte (K II) ich eine bessere Teesorte genommen, wäre (K II) der Versuch erfolgreich gewesen. Außerdem war (Indikativ Präteritum) der Stab für den Grabenweitsprung zu dünn. Er wäre (K II) durchgebrochen, wenn ich ihn voll belastet hätte (K II). Wegen der Sturmflut waren (Indikativ Präteritum) alle Spaten an die Küstenwache ausgeliehen. Natürlich wäre (K II) ich in der Lage gewesen, im Torfstechen einen neuen Rekord aufzustellen, wenn mir ein Spaten zur Verfügung gestanden hätte (K II). Modus: Konjunktiv II und Indikativ Präteritum

Übung 6 Seite 83

1. Trotz fehlender Motivation nahm ich am täglichen Training teil./2. Während eines heftigen Regenschauers trabten wir durchs Gelände./ 3. Bei Wiederankunft in der Tunhalle hörte der Regen pünktlich auf./4. Durch heftiges Hervorheben der Vorteile der Abhärtung durch schlechtes Wetter versuchte unser Trainer uns zu motivieren./5. Aber trotz seiner wirklichen Bemühungen ging dieser Versuch komplett daneben.

Übung 7 Seite 83

1. Aufgeregt bellend(,) kommt uns unser Hund entgegengerannt./2. Kräftig mit dem Schwanz wedelnd(,) zeigt er seine Freude./3. Erwartungsvoll jaulend(,) macht er deutlich, dass er noch einmal loslaufen möchte.

4.1 Dehnung und Schärfung üben

Übung 1 Seite 85

bienenfleißig/Ohr/Obst/hier/ihnen/Uhr/Mut/Urwald/viele/Tiere/ihr/geht/stört/Lob/siebt/lieh/schrieb/wie

Übung 2 Seite 85

Meer/hohl/Moor/mehr/Silbermine/Fee/mahlt/Miene/ Kahle/kahl/Hohn/Haar/lehne/Ruhm/See

Übung 3 Seite 86

Kamm - Kämme/kann - können/erkannt - erkennen/himmlisch - Himmel/Kelle/spannt - spannen/matt - matter/Ball - Bälle/rollt - rollen/rinnt - rinnen/soll - sollen/Barren/Fluss - Flüsse/ausgetrocknet - trocken/Robben/geschickt - schicken/Dachsparren/soll - sollen/Geschmack - schmecken/Wetter/herrlich/Röckchen - Röcke/Tippfehler - tippen/Lack - lackieren/Kanne/bissig/fällt - fallen/Rucksack - Rücken/Kippvorrichtung - kippen/Häppchen - Happen/gewinnt - gewinnen/schwimmt - schwimmen

4.2 s-Laut richtig schreiben

Übung 1 Seite 88

reißt - reißen/stieß - stießen/muss - müssen/ließ - ließen/beißt - beißen/Kuss - Küsse/lass - lassen/los - lose/Spaß - spaßig/lästig/bisschen - Bissen/Wagnis (Nachsilbe -nis)/Fuß - Füße/entschloss - entschlossen/Haus - Häuser/hasst - hassen/heiß - heiße Milch/gewiss - Gewissen/Missgeschick - missen

Übung 2 Seite 89

Ast/Hörgenuss - Genüsse/dies - dieses/Geheimnis/verlässt - verlassen/ließ - ließen/bis/vermisst - vermissen/Riss - rissig/Missernte - missen/Missverständnis - missen/wisst - wissen

4.3 „das" und „dass" unterscheiden

Übung 1 Seite 90

Das (jenes) Auto unseres Nachbarn, das (welches) immer an der Straße steht, das (jenes) ist schon recht alt. Er pflegt es aber so gut, dass es besser aussieht als manch anderes Fahrzeug, das (welches) jünger ist. Mich wundert, dass es viele Leute nicht verstehen, dass er so ein altes Auto fährt. Das (dieses) zeigt, dass sie unseren Nachbarn nicht richtig kennen und dass sie nicht wissen, dass unser Nachbar Vorsitzender eines Oldtimerclubs ist. Dadurch, dass er so viel Zeit für sein Auto aufwendet, kann er sich kaum um sein Haus kümmern, das (welches) daher etwas ungepflegt aussieht. Das (dieses) stört ihn allerdings wenig, da das (dieses) Auto eben sein Hobby ist. Es ist eben so, dass ihn alte Autos interessieren. Dass er den größten Teil seiner Freizeit an dem Auto bastelt, das (dieses) ärgert seine Ehefrau allerdings ziemlich. Sie hätte gerne, dass er dem Haus und dem Garten mehr Zeit widmet. Er hat mir aber erzählt, dass er keine Lust dazu hat, sondern dass er lieber an seinem Auto schraubt. Ich glaube manchmal, das (dieses) Auto ist ihm wichtiger als seine Familie, aber das (dieses) fände ich nicht schön.

Übung 2 Seite 91

1. Es regnet draußen, sodass ich kein Sonnenbad nehmen kann.
2. Das Haus, das (welches) grün gestrichene Fenster hat, steht an der Straßenecke.
3. Mein Bücherregal, das (welches) viele Jahre gehalten hat, ist zusammengebrochen.
4. In der Disco ist es furchtbar laut, sodass ich mir Ohrenschützer mitgenommen habe.
5. Unser Wohnmobil, das (welches) einen Motorschaden hat, steht noch auf Rügen.
6. Ich habe verschlafen, sodass ich den Bus nicht mehr erreiche.
7. Jens hat Durst, sodass er zwei Glas Wasser trinkt.
8. Mein Fahrrad, das (welches) einen Platten hat, ist zurzeit nicht benutzbar.
9. Jenny ist erschöpft, sodass sie eine Pause braucht.

10. Das Modellflugzeug, das (welches) abgestürzt ist, hat einen abgebrochenen Flügel.
11. Das Notebook meines Vaters, das (welches) er jeden Tag benutzt, ist ganz neu.
12. Ich habe gehört, dass Werder Bremen einen neuen Spieler gekauft hat.
13. Das Foto, das (welches) uns beim letzten Fußballturnier zeigt, hängt hinten in unserem Klassenraum.
14. Janina muss glauben, dass Sven keine Ahnung von Mathe hat.
15. Hannah schläft fest, sodass sie das Klingeln nicht hört.
16. Das Telefon, das (welches) auf dem Schreibtisch meiner Mutter steht, klingelt ununterbrochen.
17. Das Reklamemonster, das (welches) ein giftgrünes Gesicht hat, wirkt überhaupt nicht abschreckend.
18. Die Autos stehen direkt hintereinander, sodass sich ihre Stoßstangen berühren.
19. Es ist besonders seltsam, dass keiner etwas bemerkt hat.
20. Das Lexikon, das (welches) im Wohnzimmerschrank steht, benutze ich sehr oft.

4.4 Groß- und Kleinschreibung

Übung 1 Seite 92

Beispiel	Bezeichnung	Begleiter/ Substantivsignal	Genus	Numerus	Kasus
das Vertrauen	Begriff	bestimmter Artikel	Neutrum	Singular	Nominativ oder Akkusativ
des Onkels	Lebewesen	bestimmter Artikel	Maskulinum	Singular	Genitiv
sein Bruder	Lebewesen	Possessivpronomen	Maskulinum	Singular	Nominativ
eine Puppe	Gegenstand	unbestimmter Artikel	Femininum	Singular	Nominativ oder Akkusativ
deinem Gedanken	Begriff	Possessivpronomen	Maskulinum	Singular	Dativ
diesen Wegen	Ding	Demonstrativpronomen	Maskulinum	Plural	Dativ
die Grundlagen	Begriff	bestimmter Artikel	Femininum	Plural	Nominativ oder Akkusativ
eines Vertrauens	Begriff	unbestimmter Artikel	Neutrum	Singular	Genitiv
unsere Vorstellungen	Begriff	Possessivpronomen	Femininum	Plural	Nominativ oder Akkusativ
allen Anwesenden	Lebewesen	Zahlwort	Maskulinum Femininum	Plural	Dativ

Übungen 2 und 3 Seite 93

1. Dein lautes Schnarchen stört mich. 2. Wir kommen morgen und üben gemeinsam. 3. Timo und Leon kommen morgen zum Üben. 4. Die Mannschaft gewann mit Zittern und Zagen.
5. Bekanntlich geht (probieren) Probieren über (studieren) Studieren. 6. Um reiten (Reiten) zu lernen, braucht man ein Pferd. 7. Ich übe, korrektes Englisch zu sprechen. 8. Ferdinand übt das korrekte Sprechen der englischen Vokabeln. 9. Der kleine Junge trainiert eifrig (Rad fahren) Radfahren. 10. Deine Schwester sieht dir zum Verwechseln ähnlich.

Übungen 4 und 5 Seiten 94/95

1. nichts Genaues/2. das Französische, das Lateinische/3. Verschiedenes/4. kein Zweiter/
5. aufs (auf das) Ganze/6. Dritter/7. viel Bedenkliches/8. am klügsten/9. das Blau/10. im Allgemeinen/11. wenig Erfreuliches/
12. manches Erwähnenswerte

Übung 6 Seiten 96/97

1. Zwei/2. das Ja/3. 15 Milliarden/4. Ihnen, Ihr/5. das Wie, das Ob/6. ein Er, keine Sie/
7. fünfzig/8. im Nachhinein, vieles/9. Ihnen, Ihr/10. Dir/dir/11. drei

Übung 7 Seite 98

1. Brüllende Vierziger/2. Karl der Kahle/3. der Nahe Osten/4. die heiße Sahara/5. Rasende Roland/6. der stille Don/7. Große Gatsby/
8. Kaspischen Meer/9. eiskalten Gletscher/
10. Niedersächsische Landtag/11. die blaue Nordsee

Übung 8 Seite 99

1. Dienstagabend/2. Morgen/3. nachts/4. Donnerstagnachmittag/5. abends/6. des Nachts/
7. frühmorgens/8. Freitagabend/9. nachmittags/10. Des Sonntagnachmittags/11. Mittag/
12. übermorgen

Übung 9 Seite 100

Hinter dem bekannten Begriff Wohnmobil verbirgt sich ein Fahrzeug, das für Freizeit und Reisen, zum Wohnen, Kochen und Schlafen dient. Wie die Besitzer dieser verhältnismäßig teuren Fahrzeuge immer wieder betonen, macht das Campen deshalb Freude, weil man völlig unabhängig ist. Ein gutes Wohnmobil garantiert sicheres Fahren und bietet großen Komfort. Die Küche ermöglicht warmes Essen. Und Getränke kann man selbstverständlich kühlen. Für das Fahren eines Wohnmobils genügt normalerweise der Pkw-Führerschein. Wohnmobile kann man auch mieten.

4.5 Zusammen- und Getrenntschreibung

Übung 1 Seite 101

1. fahren üben/2. liegen bleiben (liegenbleiben)/
3. das Fröhlichsein/4. stehen bleiben/5. essen gehen/6. friedlich sein/7. Musik machen/
8. zufrieden sein

Übung 2 Seite 102

1. das Autofahren/2. zum (zu dem) Klavierspielen/3. Boot fahren/4. in Übung bleiben/5. leidtun/6. Tango tanzen/7. stattfindende/8. teilnehmen/Klavier spielen/10. Diät halten

Übung 3 Seite 103

1. häufig wiederholen/2. ausgiebig essen/
3. gut schreiben/4. blank polieren, blankpolieren/5. gutschreiben/6. frei sprechen/7. richtig stellen/8. kalt stellen, kaltstellen/9. schwarzsehen/10. freisprechen

Übung 4 Seite 104

1. voranbringen/2. fehlgehen/3. vorwegnehmen/4. wiedersehen oder wieder (besser) sehen/
5. entgegenstehen/6. entgegengehen/
7. dabeibleiben oder dabei bleiben/
8. zuvorkommen

Übung 5 Seite 105

1. ausgefallen/2. hintergehen/3. handhaben/
4. durchbrochen/5. zurückgefallen/
6. heimfahren/7. kennenlernen oder kennen lernen/ 8. schwarzarbeiten/9. fernsehen/
10. gutschreiben/11. zusammen laufen/
12. zusammennehmen

4.6 Fremdwörter richtig schreiben

Übung 1 Seite 106

Bei den hier nicht aufgeführten Wörtern sind beide Schreibweisen möglich.
First Lady/Pharmazeut/ Dinner/Kopie/Center/Peace/Telefon/sensationell/Hardware/Kolosseum/Opposition/Kooperation/Bookmark/Assoziation/Pencil/Flyer/Browser/E-Mail/Clown

Übung 2 Seite 107

Fremdwort	Herkunft/Bedeutung
Addition	lateinisch/zusammenfügen
Edukation	lateinisch/Erziehung
Entertainment	englisch/Unterhaltung
Inflation	lateinisch/wörtlich: Aufblähung/gemeint: Geldentwertung
Parapluie	französisch/Regenschirm
Rhinozeros	griechisch - lateinisch/ Nashorn
Kontor	lateinisch/französisch/Büro (auch ein eingedeutschtes französisches Wort)
Software	englisch/wörtlich: „weiche Ware“/gemeint: Computerprogramme
Sultan	arabisch/Herrscher
Trauma	griechisch/Verletzung, seelischer Schock

4.7 Trennungsregeln beachten

Übung 1 Seite 108

Klas-sen-buch, Schreib-heft, Ta-ges-licht-pro-jek-tor, vor-le-sen, ver-se-hen, ab-wi-schen, ent-ge-hen, be-ra-ten, schwam-mig, Schiff-fahrt, mas-siv, ren-nen, He-cke, Fla-sche, bli-cken, Rü-schen, he-cheln, Ein-stiegs-the-ma, Ama-teur-fo-to-gra-fie, has-tig, lus-tig, Fes-te, Las-ten, Rüs-tung, lis-tig, Brau-e-rei

Übung 2 Seite 108

Der Trai-ner gönn-te sei-nen er-schöpf-ten Sport-lern ei-ne kur-ze Pau-se.
Er mu-te-te dem schlech-te-ren Tor-wart ein Son-der-trai-ning zu.
Im Ur-laub mal-ten die Kin-der schö-ne Bil-der.
Nach den Fe-ri-en schenk-ten sie sie ih-ren Groß-el-tern und an-de-ren Ver-wand-ten.

Test

Übung 1 Seite 109

Liebe Hanna,
viele Grüße von unserer Klassenreise. Gerade, als wir angereist waren, riss mein Rucksackriemen! Ich schleppte ihn mühsam die Treppe hinauf. Meine Schlafgenossin Petra ist sehr eigenwillig und geht keinen überflüssigen Schritt. Heute habe ich den Tisch gedeckt, das lehnt sie ab! Aber ich denke, ich werde sie noch lehren, mir zu helfen.
Deine Gabi

Übung 2 Seite 109

Das Haus, das im Park liegt, ist so von Efeu umrankt, dass man seine Fenster nicht sehen kann. Das wirkt so unheimlich, dass ich im Dunkeln kaum vorbeigehen mag, obwohl das ja eigentlich albern ist. Das sagt mein Vater auch, aber er meint auch, dass wir bei Dunkelheit lieber vorsichtig sein sollen, auf dass kein Unfall geschieht. Meine Freundin schaltet nie die Fahrradbeleuchtung ein, das finde ich sehr leichtsinnig, schließlich hat das Fahrrad eine funktionierende Beleuchtung. Neulich musste sie so stark bremsen, dass sie fast über den Lenker gestürzt wäre, aber ohne das Versäumnis ihrerseits hätte sie der Autofahrer rechtzeitig gesehen.

Übung 3 Seite 109

Abend-es-sen/Stol-per-stei-ne/Com-pu-ter/Wat-schel-gang/Steu-er-ru-der/Blu-men-va-se/Ka-pi-täns-müt-ze/Recht-schreib-wör-ter-buch/Steu-er-er-klä-rung/An-trags-for-mu-lar/Hun-de-ku-chen/Fest-es-sen/Him-beer-mar-me-la-de

Übung 4 Seite 110

Straßenfest

Am siebzehnten Oktober feiert die Kanalstraße ein großartiges Straßenfest, zu dem wieder Hunderte von Menschen hingehen werden. Wir wohnen zwar in der Hohen Gasse, aber trotzdem drängt es mich dorthin. Ich möchte nicht zu Hause hängen und nur fernsehen. Irgendetwas, zum Beispiel Kegelschieben oder Ballwerfen, wird mich schon zufriedenstellen (zufrieden stellen). Leider muss man an jeder Bude Schlange stehen. Hoffentlich begegnet mir dort nicht der großspurige Nachbarssohn oder der dummdreiste Marc, der mich immer beiseitenimmt, wenn ihm nach Streit zumute (zu Mute) ist. Ich werde nach Anna Ausschau halten, weil sie so gut aussieht. Aber auch mit Rita würde ich vorliebnehmen. Sie ist zwar oft wehklagend und denkfaul, im Großen und Ganzen jedoch ein umgänglicher Typ. Doch jetzt will ich nicht länger überlegen. Auf alle Fälle fahre ich dorthin und werde eine Zeit lang (Zeitlang) bleiben.

Übung 5 Seite 110

Jana und Lea gehen beide auf das Gymnasium. Mit ihrer Freundin kann Jana eine ganze Stunde lang über ein Thema diskutieren, ohne dass es stupide wird. Beide interessieren sich für das Saxofon (Saxophon). Beide haben auch sonst ähnliche Hobbys. Beide tragen gerne Jeans, in beiden Zimmern herrscht oft das gleiche Chaos. Beide wollen entweder Ingenieur werden oder etwas Künstlerisches machen, zum Beispiel Regisseur.

Bibliographisches Institut GmbH, Dudenstraße 6, 68167 Mannheim
ISBN 978-3-411-87020-2